Les questions qui font vendre

Éditions d'Organisation
1, rue Thénard
75240 Paris Cedex 05
Consultez notre site :
www.editions-organisation.com

La collection « Efficacité commerciale », dirigée par René Moulinier, accueille des auteurs qui ont pratiqué avec succès l'action commerciale de l'entreprise plus soucieux d'exposer leurs expériences que de générer des théories.

MANTIONE et MOULINIER
Le recrutement des commerciaux
MOULINIER
Les techniques de la vente
MOULINIER
Les 10 clefs de l'efficacité du commercial
MOULINIER
La direction d'une force de vente
MOULINIER
La prospection commerciale en action
MOULINIER
L'animation dynamique des réunions
RATAUD
L'alchimie de la vente (Prix DCF)
SZAPIRO
Les 10 principes de la communication industrielle

Collection efficacité commerciale
dirigée par René Moulinier

Pierre Rataud

Les questions qui font vendre

PRÉFACE DE RENÉ MOULINIER

Troisième édition

Éditions
d'Organisation

« I kept six honest serving men,
They taught me all I know.
There names are : WHAT and WHY and WHEN
And WHERE and WHO and HOW ».

RUDYARD KIPLING

J'AI SUIVI SIX HONNÊTES SERVITEURS,
ILS M'APPRIRENT TOUT CE QUE JE CONNAIS.
ILS SE NOMMENT : QUOI ET POURQUOI ET QUAND
ET OU ET QUI ET COMMENT.

« Si l'on interroge les hommes, en posant bien les questions, ils
découvrent d'eux-mêmes la vérité sur chaque chose ».

PLATON

Sommaire

© Éditions d'Organisation

Préface

Lorsque j'anime un séminaire de vente, il m'est fréquemment demandé — spécialement par les jeunes commerciaux — s'il existe des arguments irrésistibles, pour emporter la décision.

Je réponds toujours par la négative, au grand désappointement immédiat de mes interlocuteurs.

Mais leur déception est de courte durée parce que je leur explique que seul le client sait ce qu'il a envie d'entendre pour acheter le produit, le bien, le service, l'idée qu'ils sont chargés de lui proposer.

La vérité de toute vente se trouve chez le client. Et donc ni dans la seule connaissance du produit, ni encore au sein des brillants ou astucieux argumentaires des services de marketing, sans vouloir mésestimer pour autant ni la connaissance du produit, ni les études de motivation.

La source de la vente se trouve au cœur du client.

Alors il va falloir le faire parler ce client. Et l'écouter. Il va falloir s'intéresser à lui, à sa situation, à ses contraintes, aux problèmes qu'il parvient à résoudre, certes, mais dont la solution actuelle ne semble pas idéale et qu'il aimerait, en son for intérieur, améliorer.

Pour le faire parler, quoi de plus efficace que de l'interroger. Et donc de lui poser des questions.

Les questions qui font vendre de Pierre Rataud nous invite à une excursion, ou plutôt à une exploration de l'univers des questions. De prime abord questionner semble aussi évident que de prononcer quelques mots. Mais nous savons que la parole n'est pas neutre. Nos intentions infléchissent notre expression. Il en va de même des questions. Déjà l'enfant qui cherche une explication du monde qui l'entoure emploie spontanément la question avec un sens tactique.

Certains pensent qu'il est indiscret de questionner. On sait bien que ce n'est pas la question qui est indiscrète, mais la réponse. Réponse qui participe aussi d'un dispositif tactique.

Cependant il ne faut pas perdre de vue l'essentiel : questionner, c'est inviter l'autre à parler. C'est lui adresser un signal d'intérêt. Toute question a ainsi un effet prévisible : elle fait du chargé de négociation un visiteur passionnant pour son vis-à-vis, pour la raison simple que l'on aime d'autant plus les autres qu'ils s'intéressent à vous et qu'ils vous comprennent.

René MOULINIER

Avant-propos

Voici déjà plus de dix ans, je commençais d'écrire les premiè-res lignes de L'*Alchimie de la vente*. Un an plus tard le livre sortait de presse, puis les DCF (Dirigeants Commerciaux de France) le couronnaient comme meilleur ouvrage économique traitant de la fonction commerciale.

Nous en sommes à la dixième édition et son succès ne se dément pas.

Cela prouve sans aucun doute qu'il apporte des réponses utiles et efficaces aux nombreux commerciaux qui le lisent. Mais cela prouve également que, malgré les changements variés et accélérés qui surviennent dans la vie économique, les principes de base de la vente et des relations humaines restent immuables, j'allais écrire « éternels ».

C'est d'une part cette réflexion sur la longévité et, d'autre part, la demande constante et répétée de mes stagiaires et des lecteurs de L'*Alchimie de la vente* qui m'ont amené à décider la réalisation de cet ouvrage sur la technique des questions.

En effet, il n'était pas question d'écrire une deuxième méthode, c'eut été remettre en cause… la première.

Par contre, un approfondissement de « l'éternelle maïeutique » me séduisait et pouvait apporter à mes lecteurs commerciaux « un plus » nécessaire dans la compétition de plus en plus vive et qui s'accroît chaque jour.

Quand on sait qu'un commercial qui double le nombre de ses questions lors d'un entretien de vente, augmente ses résultats de 18 %, point n'est besoin de s'interroger quant à l'efficacité de la méthode.

Par ailleurs, tout formateur ou tout animateur de réunions connaît la puissance de la technique des questions et la dynamique qu'elle engendre.

Puisse « Monsieur Socrate », le Maître, devenir votre modèle et modestement ce livre, le sésame de vos succès futurs.

St Denis de la Réunion

Pierre RATAUD

1

La technique des questions

- Qu'est-ce qu'une question ?
- Les caractéristiques d'une bonne question
- Pourquoi poser des questions ?

© Éditions d'Organisation

15

1. Qu'est-ce qu'une question ?

D'après *Le Larousse* : « Demande faite à quelqu'un pour apprendre quelque chose ».

D'après *Le Robert* : « Action de s'adresser à quelqu'un pour en apprendre quelque chose en énonçant une phrase logiquement incomplète, qui appelle soit un complément, soit une confirmation ou une dénégation (la réponse) ».

Mais dans l'usage, une bonne question est comme un phare dans la nuit : où sommes-nous ?, où en sommes-nous ?

C'est le contrôle de la communication (suis-je toujours sur la bonne route avec mon interlocuteur ? A-t-il bien compris ce que je voulais lui dire ? Ai-je moi-même bien compris ce que lui a voulu me dire ? etc.).

Le sous-marin possède périscope et sonar ; l'avion le radar. Il est facile d'imaginer ce que serait la vie de tous les jours sans pouvoir « faire le point ».

Parmi l'ensemble des moyens mis en œuvre dans la discussion, en vue de démontrer, réfuter ou emporter la conviction voire la décision, la technique des questions appelée aussi technique de « questionnement », est l'une des sources fondamentales de la dialectique dont les origines remontent très loin dans le temps.

C'est le moyen le plus simple et le plus évident pour faire parler un interlocuteur dans une négociation, pour acquérir ou reconquérir l'attention d'un auditoire dans un débat ou une réunion, pour animer une session de formation.

2. Les caractéristiques d'une bonne question

Il faut se dire que si l'on pose une question, quelle qu'elle soit, il faut donner les moyens à l'interlocuteur de réfléchir pour pouvoir y répondre.

On dit couramment en communication, pour qu'un message passe bien, qu'il faut construire des phrases courtes.

COURTE

Par conséquent la première caractéristique d'une bonne question c'est sa longueur : une bonne question doit être courte !

Une question trop longue n'atteint pas son but, l'interlocuteur peut en oublier la première partie ou sera si occupé à réfléchir à celle-ci, qu'il n'entendra pas la suite.

CLAIRE

Deuxième caractéristique : une bonne question doit être claire !

Claire et facile à comprendre, c'est-à-dire exprimée dans le langage de, ou compris par, l'interlocuteur et non dans notre jargon professionnel.

PRÉCISE

Troisième caractéristique : une bonne question doit être précise !

C'est-à-dire qu'elle doit avoir un « objectif spécifique », être en rapport exact avec le sujet et n'exprimer qu'une seule idée à la fois.

Sinon l'interlocuteur est troublé, désorienté et ne sait plus trop à quoi il doit répondre. L'imprécision, c'est aussi lui permettre de transformer la question ou de l'éluder.

ADAPTÉE

Enfin dernière caractéristique : attention à la forme de la question !

Il faut adapter le type de question (ouverte, fermée, alternative, etc.) à l'objectif, à la situation et au moment. C'est pourquoi nous étudierons ensemble les différentes formes de questions utilisées avec de nombreux exemples.

3. Pourquoi poser des questions ?

> « Il était... homme questionneur comme vous, lecteur.
> — Et pourquoi questionnait-il ? — Belle question !
> Il questionnait pour apprendre et pour redire comme vous, lecteur... »
>
> **Diderot**
> *Jacques le fataliste*

3.1. Les circonstances

Que ce soit pour une négociation de vente, d'achat, paritaire ou autre, que ce soit pour un débat, une conférence, un exposé oral, voire un meeting, pour l'animation de réunions, de séminaires, d'émissions ou interviews de radio, de télévision, de presse écrite ou parlée, pour la publicité ou la correspondance commerciale, tous les professionnels, spécialistes, experts ou auteurs sont unanimes :

Le questionnement est un outil puissant, efficace, indispensable, fondamental. C'est un générateur d'idées.

Dans notre société moderne, dite info-culturelle, nous devons poser des questions, afin d'obtenir des informations et influencer l'interlocuteur.

Si nous voulons amener nos partenaires ou nos adversaires à faire quelque chose de précis ou à penser différemment, rien ne vaut de convaincre, de persuader par la pédagogie de la découverte.

Ainsi que l'a écrit Pascal : « On se persuade mieux par les raisons qu'on a trouvées soi-même, que par celles qui sont venues de l'esprit des autres ».

Il rejoint la pensée de Platon mise en exergue à la page 6 de ce livre.

Ne vaut-il pas mieux offrir à un individu ou à un auditoire la possibilité de se convaincre lui-même, plutôt que d'essayer d'enfoncer en lui notre point de vue à coups d'affirmations ?

3.2. Les avantages

Poser des questions est une méthode éprouvée, facilitant la communication entre les humains dans de nombreuses circonstances, mais une expérience certaine et un entraînement sérieux et constant sont indispensables pour en maîtriser l'art.

Poser des questions de manière habile, présente de nombreux avantages que nous allons essayer de recenser, sans vouloir être exhaustif.

Les questions sont une aide efficace à :
– la communication et l'information ;
– la négociation, la vente ;
– l'animation de groupes ;
– la réflexion et le développement personnels.

Aide à la communication et à l'information

Les questions permettent de mieux connaître le ou les interlocuteurs (prospects, clients, collaborateurs, participants, partenaires, candidats, ou autres personnes).

Elles permettent de s'informer sur le marché, sur les produits sur la concurrence, sur les conditions d'intervention, sur la situation, sur notre position, sur le sujet.

> « Lorsqu'on parle beaucoup, on dit presque toujours quelque chose qu'il ne faudrait pas dire. »
>
> **Confucius**

Elles nous permettent d'ouvrir un dialogue et par là même d'éviter les discussions stériles et inutiles. D'éviter de trop parler, ce qui amène à dire des banalités pour « meubler », ou donner inutilement ou prématurément notre avis, notre opinion, notre position, nos arguments.

Le fait d'être interrogatif nous oblige à être plus positif, plus tolérant. Ceci induit un climat de confiance en donnant à l'interlocuteur le sentiment de son importance.

En somme, cela devient une lapalissade que d'affirmer : « Si nous voulons obtenir des informations, nous devons poser des questions. »

Il suffit pour en être convaincu d'observer... et d'écouter le médecin, c'est la base même de son diagnostic. Toute phase de diagnostic, que ce soit au plan médical, en négociation ou en audit, ne comporte presqu'exclusivement que des questions.

En matière de communication écrite, courrier ou publicité, la question permet d'interpeller le lecteur et de susciter son intérêt, d'induire sa réponse.

Aide à la négociation, à la vente

D'après les Éditions Pratique S.A., un vendeur pose en moyenne 7 questions par entretien de vente. S'il double ce chiffre, les statistiques prouvent qu'il augmente ses ventes de 18 %. Point n'est besoin par conséquent de « faire un dessin » pour prouver l'efficacité et la nécessité de poser des questions lors d'un entretien de vente, ou d'une négociation.

Cependant, il ne faut jamais oublier le double objectif que nous voulons atteindre dans une négociation :

– le premier, amener l'interlocuteur à s'exprimer pour le découvrir, connaître ses expériences, ses espoirs, ses craintes et ses intentions ;

– le second, construire l'argumentation, l'offre, afin de la personnaliser, de la mettre en adéquation avec les attentes, de la rendre unique, voire exceptionnelle par rapport aux autres propositions.

La seule façon de progresser efficacement vers ces deux objectifs, est de posséder un savoir-faire hors pair dans l'art de poser des questions.

Tout au long des étapes de la vente celles-ci ont leur utilité :

(cf. *L'Alchimie de la vente*, Les Éditions d'Organisation, du même auteur.)

CO1 : Commencer par s'organiser, se préparer, prospecter.

Voir au chapitre « Les formes de questions » les fameuses clés d'organisation que sont Q.Q.O.Q.C.C./P. qui permettent de poser les objectifs concrets de visites et de tournées.

En prospection, les questions techniques personnalisées qui accrochent le prospect au téléphone, pour obtenir un rendez-vous.

> « Mieux vaut penser avant d'agir, que de rêver en agissant. »
> **Giraudoux**

CO2 : Contacter, la prise de contact.

C'est l'importance de l'impact des premiers instants passés avec l'inconnu. La question apparemment naïve acceptée dans un tout début d'entretien mais qui orientera ensuite l'action. La marque d'intérêt qui permet de détendre l'atmosphère.

CO3 : Connaître, la phase de découverte.

Comment découvrir les besoins et les motivations du client si nous ne posons pas de questions ?

Comment découvrir le point sensible sans les questions ?

Elles aident l'interlocuteur à déterminer lui-même ses propres besoins.

Comment découvrir l'opinion, les préjugés de l'autre, sans les questions ?

Cette phase-clé de toute négociation est la base même de notre future argumentation.

CO4 : Comprendre.

Autre phase-clé de la négociation, l'écoute. Mais l'écoute et les questions sont liées, indissociables. À quoi sert-il de poser des questions si on n'écoute pas les réponses ?

Les questions posées lors de cette phase permettent de pousser l'interlocuteur à la réflexion, de cristalliser sa pensée.

Elles nous permettent également de contrôler sa compréhension et la nôtre, de confirmer ou d'infirmer notre opinion, de vérifier le degré de persuasion.

Elles complètent l'attitude d'écoute et la marque d'intérêt envers l'autre personne.

> « La parole est moitié à celui qui parle, moitié à celui qui écoute »
> **Montaigne**

CO5 : Convaincre.

Résultante d'une bonne connaissance de l'autre, la persuasion est d'autant plus efficace que les arguments sont présentés sous forme de questions. Elles permettent aussi de contrôler leur impact.

Elles provoquent la réflexion et la canalise vers notre objectif de négociation, elles permettent d'imaginer des solutions et d'orienter vers ces solutions.

Notre grande erreur est de vouloir affirmer ce dont nous croyons être sûrs. Mais en affirmant nous changeons rarement l'avis des autres, mais finissons par changer le nôtre.

L'affirmation soulève l'objection, la question évite de la susciter et permet de conserver une attitude positive et constructive.

De même en matière d'écrit, les correspondances commerciales, publipostages ou offres sont rendus plus intéressants, plus attractifs par l'insertion de quelques questions bien pesées et bien construites.

CO6 : Concrétiser, conclure.

Objectif final de toute négociation, la conclusion est obtenue beaucoup plus aisément par l'utilisation judicieuse des questions que par la pression des affirmations, des insistances.

Les questions permettent de consolider les étapes déjà acquises de l'entretien de vente en récapitulant les points d'accord.

Elles amènent doucement l'interlocuteur vers la décision.

Mais attention, derrière une question, on attend la réponse. L'indispensable attitude à avoir lors de cette phase ultime est de savoir conserver la totale maîtrise du silence.

> « Un des plus grands services qu'un homme puisse rendre à un autre, est de l'aider à prendre une décision intelligente ».
>
> **Frank Bettger**

CO7 : Consolider l'accord, la vente.

La conclusion faite, la négociation est-elle terminée pour autant ? Chaque négociation ne sera-t-elle pas suivie à terme par une autre négociation ? La vente n'est-elle pas permanente ?

Alors pourquoi ne pas préparer le futur ?

Là encore, oser poser de bonnes questions pour s'assurer de la satisfaction de l'accord, de la vente, de la décision, prépare judicieusement les dialogues futurs.

Enfin, oser solliciter l'aide de notre partenaire pour multiplier nos contacts de vente (la Référence Active) le rassure et le conforte dans l'idée d'avoir pris une bonne décision, d'avoir fait un bon choix.

En résumé : les questions permettent de gagner la confiance, de gagner du temps, de gagner en efficacité.

Aide à l'animation

Tous les animateurs de réunions ou de séminaires chevronnés jonglent avec la technique des questions et chacun s'accorde à reconnaître que c'est le meilleur outil, le plus utilisé, le plus efficace pour se sortir de toutes les situations.

Éveiller l'attention :

Au début d'une séance, les questions permettent de mobiliser l'attention du groupe et de la concentrer sur les objectifs à atteindre, tout en créant un climat dynamique et propice. Elles permettent de poser et bien définir le problème à résoudre.

Susciter l'intérêt :

Les questions amènent les membres du groupe à découvrir l'inconnu, à rechercher des voies de solutions.

Elles déterminent la bonne participation de chacun, permettant d'obtenir l'attention de tel ou tel, d'aider une personne timide ou réservée à s'exprimer.

Stimuler la réflexion, la créativité :

Les questions non seulement suscitent l'intérêt, mais elles provoquent des réactions, incitent les participants à la réflexion et par association d'idées, développent la créativité.

Elles font appel à toutes les facultés d'imagination de chacun et sont productrices d'idées. Elles dynamisent la relation.

Orienter la réflexion :

Nous pouvons orienter la réflexion, la canaliser et l'exploiter en posant habilement des questions.

Comme en négociation, on induit doucement, inconsciemment vers l'objectif fixé ou vers la connaissance.

L'animateur guide les pensées du groupe vers les solutions, vers la compréhension, tout en lui évitant de s'écarter du chemin. Il le maintient sur le fil rouge.

Ainsi le groupe a-t-il l'impression de découvrir lui-même les voies de solution.

Assurer la bonne compréhension :

Les réponses apportées aux questions de contrôle régulières, permettent à l'animateur de vérifier si les membres du groupe suivent correctement l'exposé, s'ils ont bien assimilé la matière étudiée.

C'est pour lui l'occasion d'expliciter les points restés obscurs, l'occasion de dissiper les malentendus, de remettre tout le monde sur la même longueur d'onde.

Cela permet de faire progresser le groupe de manière homogène.

Obtenir l'adhésion :

Enfin, les questions permettent d'orienter vers la décision, le consensus, d'obtenir l'adhésion du groupe.

Ainsi les participants à une réunion, un exposé, un séminaire ont-ils réellement l'impression d'avoir participé au choix final, d'avoir été productifs. Chacun a la satisfaction d'avoir travaillé ou collaboré concrètement au résultat, d'avoir progressé.

Aide à la réflexion, au développement personnel

Lorsqu'on parle de remise en cause personnelle, on dit également remise en question. Cela prouve bien, si besoin en était, que les questions sont également un très bon outil d'analyse de soi.

Quel que soit le principe utilisé, Analyse Transactionnelle (AT), Programmation Neuro Linguistique (PNL) ou autre, l'interrogation de soi et de l'autre reste le plus sûr moyen d'arriver à l'harmonie des conceptions, à la reconnaissance de ses erreurs, à une meilleure projection dans le futur.

C'est le sens initial de la « Maïeutique Socratique », accéder à la Connaissance par la réflexion profonde sur soi-même.

C'est aussi aider les autres à aller vers cet art de vivre.

C'est acquérir une certaine philosophie de la vie.

C'est apprendre à mieux comprendre les hommes et les femmes qui nous entourent.

3.3. Posons-nous suffisamment de questions ?

Ainsi que je le note dans la Postface « La Curiosité », l'enfant pose énormément de questions puisqu'il a tout à découvrir, à apprendre sur notre univers.

Puis petit à petit, en vieillissant, l'individu se blase, s'intéresse moins aux choses et aux gens qui l'entourent. Il s'intéresse beaucoup plus à lui-même et, lorsqu'il ouvre la bouche, c'est davantage pour parler de lui, de ce qu'il fait, de ce qu'il pense que pour parler de l'autre ou le faire parler de lui.

Cet égocentrisme n'est pas anormal, il est dans l'ordre des choses. Cependant, si nous voulons développer les relations humaines, améliorer la communication, l'expression ou pratiquer un des métiers qui en font l'usage, tel la vente, il convient de revenir aux sources et d'être vigilant sur notre manière d'être.

Dans le métier de vente par exemple, où la découverte est indispensable, il est constaté et ce dans tous les pays, que 85 % des commerciaux parlent trop, de leurs produits, de leur société, de la qualité, des services, des prix, au lieu de stimuler le client en lui posant des questions.

Et sur les 15 % de vendeurs qui apparemment pratiquent cette technique, seulement 4 % de l'ensemble le font parfaitement en écoutant totalement les réponses.

Certains songent déjà à la question suivante qu'ils vont poser, d'autres à l'argumentation qu'ils vont développer. Les bons

questionneurs savent prendre des notes pour écouter complètement les réponses.

Alors pourquoi tant de professionnels de la négociation, de la
prise de parole, posent-ils trop peu de questions ?

Revenons à l'égocentrisme. Que peut-il provoquer en nous ?

Il peut provoquer la peur !

Peur de paraître ignorant, peur de paraître timide, peur de paraître indiscret, peur de paraître importun, peur d'être discourtois,
peur d'être déconsidéré, peur de pratiquer le métier de vendeur.

En dehors de la peur, il provoque l'inconfort moral, le stress, le trac.

Est-il si désagréable de poser des questions parfois embarrassantes ?

Est-il si pénible d'insister pour avoir des réponses ?

Est-il si fatigant d'écouter intensivement des réponses ?

Si vous répondez oui à l'une de ces questions, alors soyez vigilant et persuadez-vous :

– que vous faites un métier difficile, mais l'un des plus beaux,
des plus intéressants et des plus passionnants ;

– que vous devez persévérer dans le « questionnement » (et non
dans l'interrogatoire), car c'est rendre service à l'interlocuteur ;

– qu'être tenace et courtois provoque le respect et inspire la
confiance ;

– qu'être concentré et attentif accroît votre efficacité.

C'est une grande marque d'intérêt pour l'interlocuteur ou l'auditoire.

– que sourire naturellement et franchement est le sésame qui
ouvre le chemin du cœur et de l'esprit.

Rappelons-nous cette phrase de La Rochefoucauld :

« Il n'existe qu'une cécité :
celle de ne voir que soi-même ! »

2

Quelles questions poser ?

- Les différents types de questions
- Les questions d'information
- Les questions d'approfondissement
- Les questions tactiques

Quelles questions poser ?

Poser des questions est facile à dire et facile à comprendre, encore faut-il savoir poser les bonnes questions.

En effet, le type de question posée induit le type de réponse et si une bonne question peut amener une bonne réponse, une mauvaise question entraînera toujours une mauvaise réponse, ou une absence de réponse.

La forme de la question compte, par conséquent, autant que son contenu, pour inciter l'interlocuteur à s'exprimer et rendre l'entretien ou le dialogue plus productif.

Ainsi que le note Lionel Bellanger : « … Les questions sont des outils qui méritent une vigilance poussée concernant leur fonction, leur usage, leur adaptation à la situation, en bref leur pouvoir à faire de la communication commerciale un échange productif. »

Car la problématique du « questionnement » est de donner l'impression « d'interrogatoire ».

LA QUESTION DOIT ÊTRE ADATPTÉE À L'OBJECTIF

Il y a des questions qui poussent à la réflexion et guident le partenaire vers le bon chemin, des questions qui permettent de maîtriser et diriger l'entretien, des questions qui provoquent ou qui irritent, des questions qui récoltent des réponses négatives, mais aussi des questions qui attirent la sympathie par l'écoute active qu'elles nécessitent.

Il est très difficile d'être exhaustif dans l'énumération des types de questions, d'autant que les appellations varient à l'envi d'un auteur à l'autre. Aussi essaierai-je de regrouper certaines définitions correspondant à plusieurs désignations.

1. Les différents types de questions

J'ai recensé 17 grands types de questions parmi les plus connues qui se regroupent selon trois grandes fonctions selon mes confrères Lionel Bellanger[1], et Jan L. Wage[2] :

- Les questions d'information
  - questions ouvertes ou circonstancielles,
  - questions objectives, précises investigatrices ou factuelles,
  - questions fermées.

- Les questions d'approfondissement
  - questions de contrôle, test, sondage,
  - questions miroirs ou réfléchies,
  - questions ricochets,
  - questions relais,
  - questions de relance.

- Les questions tactiques
  - questions alternatives,
  - questions de rhétorique,
  - questions directives ou dirigées,
  - questions indirectes, orientées ou suggestives,
  - questions généralisées,
  - questions interro-négatives,
  - questions en retour, écho ou boomerang,
  - questions directes,
  - questions à la cantonade.

1. Lionel Bellanger, *Qu'est-ce qui fait vendre ?*, PUF, 1984.
2. Jan L. Wage, *Convaincre pour vendre*, Hommes et Techniques, 1971.

2. Les questions d'information

Le but des questions d'information est de pousser l'interlocuteur à exprimer son point de vue, son avis, ses opinions et de les expliquer. Elles sont la base de la découverte de l'autre.

Elles atteignent leur but par une utilisation judicieuse et équilibrée des questions ouvertes, des questions fermées et des questions objectives.

2.1. Questions ouvertes ou circonstancielles

Ces phrases interrogatives, dont le but est de « faire accoucher les esprits », de faire parler l'interlocuteur, sont les véritables questions de Socrate. De nombreux auteurs célèbres les ont louées de Platon à Rudyard Kipling (cf. page 6).

Elles débutent toutes par des adverbes ou des pronoms interrogatifs, tels que :

QUI – QUE – QUOI – OÙ – QUAND – COMMENT – COMBIEN – QUEL – QUELS – QUELLE – QUELLES – LEQUEL – LAQUELLE – LESQUELS – LESQUELLES… ET… POURQUOI

Cette dernière expression pouvant à elle seule remplacer toute une phrase.

Utiliser le POURQUOI, du POURQUOI, du POURQUOI…, c'est utiliser le « presse-citron de la pensée » !

Les questions ouvertes, auxquelles on pourrait reprocher parfois leur imprécision, ont le grand mérite d'ouvrir le dialogue, d'inciter l'interlocuteur à la réflexion et d'éviter la réponse par « oui », par « non » ou par « peut-être ».

Ce type de questions par son caractère sympathique entraîne une intervention positive de l'interlocuteur. Elle lui permet d'extérioriser ses besoins, ses problèmes, ses craintes, ses désirs, ses rêves, ses motivations et d'exprimer son opinion et ses véritables sentiments de manière large ou précise.

– Exemple de question ouverte obtenant une réponse « large » :
  • « Quelle est votre opinion sur ce produit ? »
  • Réponse : une longue explication,

– Exemple de question ouverte obtenant une réponse précise :
  • « Qui décide chez vous en matière de… ? »
  • Réponse : « Monsieur Girard »

Il est difficile de ne pas répondre à une question ouverte, car elle marque de l'intérêt au partenaire, de la considération, lui donne un sentiment d'importance, augmentant par là même sa réceptivité. D'autre part, le négociateur qui écoute attentivement les réponses aux questions ouvertes découvrira de multiples possibilités pour la poursuite de son entretien et le « fil rouge » qui le guidera vers l'accord.

Dans le cadre d'une réunion, la question ouverte permet d'encourager les participants (et plus particulièrement les timides) à s'exprimer librement sur les points qui leur paraissent importants. Il ne faut pas oublier dans ce cas, que ce ne sont pas ceux qui se taisent qui ont le moins de choses à dire.

En animation de groupe, les questions ouvertes dites « énumératives » sont particulièrement efficaces et productrices d'idées.

Parmi les questions qui poussent à l'énumération, nous pouvons citer celles qui permettent de définir :
– les objectifs, les buts, les résultats,
– les causes ou les conséquences,
– les avantages ou les inconvénients,
– les incidents ou les remèdes,
– les qualités ou les défauts,
– les problèmes ou les solutions,

– les moyens à mettre en œuvre,
– etc.

Exemple :

« Quels sont les créneaux de clientèle que nous pouvons cibler ? »

Afin d'illustrer ces propos, voici quelques autres exemples divers de questions ouvertes, exemples sur lesquels nous reviendrons dans le chapitre 3.

QUI .... « Qui est responsable de cette activité ? »

QUE ....« Qu'attendez-vous d'un nouveau fournisseur ? »

QUOI............................« En quoi pourrions-nous vous aider ? »

OÙ ....« Où seront installées ces machines ? »

QUAND .... « Quand prendrez-vous votre décision ? »

COMMENT ....« Comment voyez-vous le développement .... de votre entreprise ? »

COMBIEN .... « Combien de personnes sont-elles employées .... dans ce service ? »

QUEL..................... « Quel procédé utilisez-vous actuellement ? »

QUELS ....« Quels sont les avantages de ce produit ? »

QUELLE... « Quelle est votre opinion sur la situation actuelle ? »

QUELLES ....« Quelles expériences comptez-vous faire ? »

LEQUEL......« Lequel de ces réfrigérateurs vous conviendrait ? »

LAQUELLE ...« Laquelle de ces missions puis-je vous confier ? »

LESQUELS..................... « Lesquels de ces collaborateurs auront ....la compétence pour ce projet ? »

LESQUELLES............................ « Lesquelles de ces propositions ....retiendrez-vous ? »

POURQUOI.......... « Pourquoi avez-vous changé votre projet ? »

En résumé :

N'êtes-vous pas flatté si quelqu'un s'adresse à vous et vous demande votre opinion ? N'avez-vous pas l'impression que votre interlocuteur ne s'intéresse « qu'à vous », qu'il attache de la valeur à vos propos ?

LA QUESTION OUVERTE PROUVE L'INTÉRÊT PORTÉ À L'AUTRE

La question ouverte donne de précieuses indications nécessaires à la poursuite du dialogue et à son orientation. C'est un excellent procédé d'investigation.

Il est évident qu'on donne plus d'informations à quelqu'un qui pose des questions qu'à quelqu'un qui n'en pose pas.

LA QUESTION OUVERTE INFORME

Quand on pose une question ouverte à quelqu'un, celui-ci prend confiance en lui, car il parle surtout de ce qu'il connaît bien et en premier lieu de lui-même.

LA QUESTION OUVERTE DONNE DE L'ASSURANCE

En essayant d'argumenter, de persuader à tout prix en assénant des affirmations, on indispose. Par le jeu des questions ouvertes on amène à réfléchir aux possibilités bénéfiques retirées de notre proposition.

LA QUESTION OUVERTE OBLIGE À RÉFLÉCHIR

L'interlocuteur donne librement beaucoup plus de renseignements qu'il ne le ferait autrement. Il s'ouvre envers « l'inconnu ».

LA QUESTION OUVERTE INCITE À S'EXTÉRIORISER

L'interlocuteur essaiera de justifier ses hésitations, ses refus en répondant à une question ouverte. Il tentera d'expliquer ses raisons objectives et subjectives et finira petit à petit par se persuader du contraire.

LA QUESTION OUVERTE RÉVÈLE LES VRAIES OBJECTIONS

Rappelons-nous la pensée de Disraeli :

> « En parlant on change rarement l'avis des autres,
> mais on finit souvent par changer le sien ».

2.2. Questions objectives, précises, investigatrices ou factuelles

Comme vous le remarquerez, beaucoup de questions aux appellations particulières sont des dérivés d'autres types de questions fondamentales (ouvertes, fermées, alternatives, pour ne citer que les principales).

Ainsi, les questions objectives, précises ou investigatrices sont-elles construites comme les questions ouvertes. Leur appellation tient plus à leur rôle qu'à leur forme.

Leur but est d'apporter des réponses précises, techniques ou chiffrées nécessaires à l'élaboration de nos propositions. Elles permettent de rassembler les éléments d'information relatifs à des faits, d'où leur appellation fréquente de questions factuelles.

Elles sont la marque de la compétence reconnue dans l'activité pratiquée, mais à une condition :

– *une bonne préparation*

En effet, que ce soit au téléphone ou en face à face, il est impératif de réfléchir et de noter tous les points qui doivent être éclaircis au cours de l'entretien et de les formuler sous forme de question objective.

LA QUESTION OBJECTIVE SE PRÉPARE

Quelques exemples :
– quels sont les horaires que vous pratiquez ?
– combien de représentants avez-vous sur le territoire ?
– est-ce que les réalisations standard dominent ou faites-vous surtout du sur mesure ?
– quand pensez-vous pouvoir prendre votre décision ?
– quelle est la personne qui sera responsable du projet ?
– quel est le pourcentage d'augmentation qui vous paraît raisonnable ?
– quels sont vos critères de choix ?

2.3. *Questions fermées*

Appelées aussi « questions dilemmes », les questions fermées commencent en principe par un « verbe ».

Elles suscitent des réponses brèves, claires et précises qui n'incitent guère au dialogue.

Ce sont les questions d'enquête par excellence, mais qui irritent l'interlocuteur dans le cadre d'une négociation, car elles donnent l'impression d'être indiscrètes. C'est pourquoi il vaut mieux éviter de les formuler sauf dans des cas précis et consciemment étudiés.

Les questions fermées définissent le cadre de la réponse d'une manière si étroite qu'elles laissent peu de champ à l'initiative du partenaire, l'enfermant dans la réponse :

« OUI » ou « NON » voire « PEUT-ÊTRE »,

LA QUESTION FERMÉE GÉNÈRE UN OUI OU UN NON

Exemples
– Aimez-vous une voiture confortable ? .... oui
– Avez-vous un problème de ? .... non
– Avez-vous une bonne expérience de ? .... oui
– Cet ordinateur répond-il à ce que vous en attendiez ? .... non
– Êtes-vous d'accord avec cette proposition ?........... oui ou non
– Aimeriez-vous changer de ? .... peut-être
– Puis-je vous montrer ce document ?................................... oui
– Voulez-vous essayer cette robe ? .... non
– Cette valise est-elle assez grande ? .... oui

etc.

ou l'impliquant dans une seule alternative entre deux possibilités :

UN CHIFFRE (QUANTITÉ ou VALEUR), UN FAIT, UNE DATE, UN DÉLAI,

Exemples :
– Êtes-vous pour ou contre cette hypothèse ? .... pour
– Préférez-vous le modèle 1 ou le modèle 2 ?.......................... le 2

Il faut éviter de poser ce genre de questions au tout début d'un entretien, car nous ne savons pas encore ce que pense ou souhaite notre interlocuteur et le risque est de le conduire à répondre « NON ». Dans ce cas, il est toujours très difficile de relancer la conversation, de « repositiver ».

À la rigueur, nous pouvons poser une question fermée d'ordre général (dite généralisée ou neutre), pour lancer la conversation, mais elle sera suivie par une question ouverte, pour favoriser l'expression de l'interlocuteur.

– « Vous intéressez-vous à la formation ? »
– « Que pense la profession du contexte actuel ? »

Cela évite d'orienter trop directement l'entretien sur nous-même, sur notre entreprise ou sur nos produits et permet d'ouvrir le dialogue. Cela offre la possibilité à l'interlocuteur de s'exprimer plus aisément.

LA QUESTION FERMÉE GÉNÉRALISÉE OUVRE LE DIALOGUE

Par contre, si nous voulons vérifier une opinion, un fait ou obtenir un accord après une argumentation, pour la verrouiller, nous poserons une question fermée dite « de contrôle », « test », « sondage » très utile, telle que :

« C'est donc bien la grande taille qui vous intéresse, n'est-ce-pas ? »…

LA QUESTION FERMÉE TEST PERMET DE VÉRIFIER

De même pour conclure un entretien, un accord, poserons-nous des questions fermées dites « récapitulatives ». Eclairé sur les intentions de l'interlocuteur, nous récapitulons les points d'accord jusqu'au… OUI final. Ainsi :

– C'est bien le modèle bleu qui vous convient ?… oui
– Vous êtes-bien d'accord sur la date de livraison ?… oui

Comme vous le constatez, les questions fermées prennent un qualificatif différent selon le moment de l'entretien et leur efficacité dépend de notre vigilance à les poser quand il le faut et comme il faut.

En technique de réunion ou d'animation, les questions fermées ont tendance à « fermer la porte » aux échanges. Là encore il faut les éviter, sauf :

– pour recentrer le groupe vers l'objectif, les faits, le sujet.

Bien utilisées, consciemment, en alternance avec les autres types de questions, les questions fermées peuvent se révéler un excellent outil de contrôle et de conclusion, à ne pas négliger.

LA QUESTION FERMÉE PERMET DE SCELLER L'ACCORD

3. Les questions d'approfondissement

Les questions d'approfondissement se situent dans le cours de l'entretien, lors de la phase de développement. Elles sont indiscutablement la résultante de la bonne écoute des réponses aux questions d'information.

Ces questions montrent tout l'intérêt que l'on porte à l'autre en voulant « approfondir » ses explications et sont le signe que l'entretien se déroule sur la même longueur d'onde.

Elles permettent de faire évoluer doucement l'entretien vers la phase finale, par une progression maîtrisée de la connaissance de l'autre et une compréhension réciproque.

3.1. Questions de contrôle, test, sondage

Que de noms de baptême différents pour des questions aux finalités pourtant très voisines.

Les questions de « contrôle » sont des questions-tests, des sondages, qui amènent le client à préciser sa pensée. Les réponses peuvent être différentes selon le dessein.

Elles ont pour but de contrôler les vraies motivations, d'interroger sur les intentions. Leur mérite est de baliser l'entretien et de le relancer.

Elles peuvent commencer par des phrases du genre :
– « Si je comprends bien, vous appréciez particulièrement… »
– « À votre avis, ce qui se vend bien actuellement c'est… »

ou porter sur un point connu ou d'intérêt évident de l'interlocuteur, tel que :
– « Est-ce Monsieur Martin qui sera responsable de cette nouvelle implantation ? »
– « Est-ce bien sur ce site que vous comptez implanter notre… ? »

LA QUESTION DE CONTRÔLE VERROUILLE L'ARGUMENTATION

Les questions de contrôle peuvent permettre en animation de faire préciser aux participants une idée, une expression, un mot qu'ils utilisent dans un sens ou une situation différents. Elles leur donne un sentiment de progression vers l'objectif et contribuent à souligner la productivité des échanges.

3.2. Questions miroirs ou réfléchies

La question « miroir » ou « réfléchie » conduit l'interlocuteur à approfondir son point de vue, voire à le modifier, sans avoir à s'en justifier.

C'est une question tout à fait adaptée à la technique de réponse aux objections.

Par exemple :

Le client : « C'est quand même cher »…

Le vendeur : « Combien pensiez-vous mettre ? »

Comme vous le constatez, la question miroir répète significativement l'idée exprimée par l'interlocuteur, avec d'autres mots afin de lui permettre de réfléchir et de changer son point de vue. Autre exemple :

– Le client :

« Mon entreprise est trop petite pour se permettre un tel investissement… »

– Le vendeur :

« Pensez-vous donc que seules les multinationales ont le droit de s'équiper ? »

ou : « Pensez-vous à l'investissement ou au coût réel de fonctionnement ? »

ou : « Voulez-vous dire qu'une amélioration de la production n'a aucune importance pour vous ? »

LA QUESTION MIROIR OU RÉFLÉCHIE PRÉCISE LA PENSÉE

On exprime clairement les pensées que le client avait à peine effleurées, de telle manière qu'il réalise son exagération ou son erreur. *Par exemple :*
– Le client : « Ce produit est invendable »…
– Le vendeur : « Voulez-vous dire par là qu'il vous serait impossible de le vendre ? »
– Le client : « Non, ce n'est pas tout à fait ce que je voulais dire, mais… »

Un avantage de ces questions, c'est de faire apparaître les craintes du partenaire, de faire découvrir ce qu'il n'a peut-être pas encore compris. Toutes choses qui l'empêchent d'être de notre avis.

Autre avantage, que nous formulions autrement ce qu'il vient d'exprimer, que nous lui démontrions les conséquences de son opinion ou que nous mettions à jour ses intentions, l'interlocuteur aura toujours le sentiment que nous faisons un effort pour le comprendre, que nous nous intéressons (mieux que les autres…) à son cas personnel.

C'est beaucoup mieux que de le renforcer dans ses affirmations en le contrant. Chacun par amour-propre a le désir de vaincre, mais dans le jeu de la négociation, qui serait le gagnant ?

Voici donc les formulations qu'il faut assimiler, avec lesquelles il faut jongler pour maîtriser la technique des questions réfléchies :
– si je vous comprends bien…
– si je vous ai bien compris…
– voulez-vous dire par là que…
– votre sentiment est alors…
– de ce que vous venez de me dire je déduis…

- dois-je comprendre que…
- après ce que vous venez de me dire, il semblerait que…
- en d'autres termes, vous pensez qu'ils seront…
- dois-je interpréter vos propos comme…
- vous me reprenez si je fais erreur…

LA QUESTION MIROIR OU RÉFLÉCHIE CONTOURNE L'OBJECTION

Il est évident que cette méthode n'est pas aisée à pratiquer et nécessite de l'entraînement. De plus, pour obtenir de bons résultats avec les questions réfléchies il y a deux préalables importants :

Le premier préalable est d'écouter très attentivement son interlocuteur. En effet, pour pouvoir reprendre sans erreur ses propres propos, il faut être certain de les avoir parfaitement compris. C'est la mise en pratique constante de « l'écoute active » (cf. 3.2 page 141).

Deuxième préalable, il faut exercer son esprit d'analyse pour bien sélectionner dans ce que l'autre nous dit, les remarques importantes pour la suite de l'entretien. Ne pas hésiter à prendre des notes pour revenir sur les propos tenus.

PAS DE MIROIR SANS ÉCOUTE ACTIVE

Ne jamais perdre de vue que la technique des questions est indissociable de la technique de l'écoute. C'est le bon exercice des deux qui fait « l'art ».

3.3. Questions ricochets

Qui n'a joué étant enfant, à ce jeu qui consiste à faire rebondir le maximum de fois un galet sur la surface de l'eau ?

Appliquer cette image à la conversation, c'est faire rebondir le dialogue avec des mots, des expressions, ou appliquer la technique dite du « filtre à café » pour obtenir l'essence même de la pensée de l'autre.

LE RICOCHET FAIT REBONDIR LE DIALOGUE

Comme pour le jeu d'enfant, la réussite dépend du choix du galet (le mot ou l'expression en l'occurrence) et de la position du lancer (l'attitude d'écoute, dans notre cas).

Enfin le ricochet nous permet de progresser dans la perception des attentes ou de l'opinion de l'interlocuteur. C'est un facteur déterminant dans la compréhension de l'autre, une marque d'intérêt extrêmement sensible.

Si nous posons une question, par exemple à un client et que nous nous contentons de sa première réponse, nous n'obtenons pas tous les éléments. Cet arrêt dans la découverte peut être dû à deux causes majeures :

La première, la crainte d'indisposer le client par manque d'assurance ou timidité.

La seconde, la hâte anormale de lui poser la question suivante, ce qui revient à un excès de fébrilité.

LE RICOCHET EST UNE MARQUE D'INTÉRÊT

Or, si nous maîtrisons bien l'entretien, derrière la première réponse à notre question, il est profitable de faire ce que l'on appelle « un ricochet », un écho par un mot, par un regard, par un silence, par une intonation ou par une très courte question, du genre :

– « Oui… ? » – « Non… ? », « Mais encore… ? », « Ah bon… ! »,
« Vraiment… ? », « Intéressant… », « Hum… hum… ! »,
« C'est-à-dire… ? », « Et en dehors de cela… ? »,
« Vous pouvez préciser… ? ».

LE RICOCHET EST SOURCE DE COMPRÉHENSION

Cela donne à peu près le schéma d'entretien suivant :

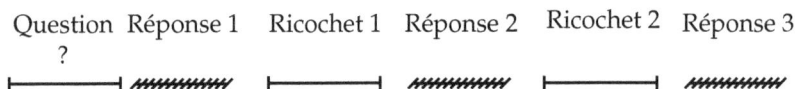

Question ?	Réponse 1	Ricochet 1	Réponse 2	Ricochet 2	Réponse 3

Si nous pouvions peser la valeur des réponses, la première pèserait
l'équivalent de 1 gramme, la seconde pèserait bien 2 grammes, enfin
la troisième pèserait au moins 4 grammes et ainsi de suite… En effet,
la troisième réponse, par son contenu, sa densité, est quatre fois plus
importante que la première pour la suite du dialogue.

Bien utilisé, le ricochet est un outil d'une redoutable efficacité
pour le vendeur-conseil, l'animateur ou le formateur.

3.4. Questions relais

Les questions RELAIS sont utilisées plus particulièrement en
technique d'animation de groupe, de conduite de réunion, pour
renvoyer à l'ensemble du groupe ou à l'un des participants, la
faculté de répondre ou de s'exprimer. Cela évite d'être trop
directif ou de répondre soi-même.

Cela permet à l'animateur de rester en retrait et de stopper tout
conflit ou toute discussion qui pourraient naître entre lui et un
participant. N'oublions pas que le rôle d'un animateur de groupe
ou de formation, est de faire travailler les autres.

Exemple de question relais faite par un animateur interrogé :
– « Monsieur Lesage nous pose une question intéressante, qui veut y répondre ? » ou « quelqu'un a-t-il une idée, un avis sur ce sujet ? »…

Cette technique du « relais » peut également se pratiquer lors d'un entretien de vente, d'une négociation à deux ou plusieurs personnes, par exemple (le client avec son adjoint contre le vendeur ou le client contre le vendeur et son inspecteur).

LA QUESTION RELAIS ÉVITE DE RÉPONDRE SOI-MÊME

À plusieurs négociateurs, la question est renvoyée à une autre personne que le questionneur. À une question posée par le client, le vendeur ne répond pas lui-même, il passe le « relais » à une tierce personne présente.

Exemples :
– « Qu'en pensez-vous Monsieur Letiers ?… »
– « J'ai l'impression que Monsieur Paul souhaite répondre, n'est-ce-pas ? »…
– « Quel est votre avis sur ce point Madame Leclerc ? »
– « Mademoiselle Sorel peut-elle nous indiquer le nombre d'appels ? »

Il est aussi possible de faire un « relais » lors d'un dialogue entre deux personnes, client et vendeur par exemple. Ainsi peut-on mieux comprendre les attentes de l'interlocuteur ou différer la réponse. *Par exemple*, utiliser les formules suivantes :
– « Vraiment… ? »
– « Par exemple… ? »
– « À votre avis… ? »
– « C'est-à-dire… ? »
– « Dans quel cas… ? »

– « Dans quel domaine… ? »
– « En dehors de cela… ? »
– « Et quelle est votre préférence… ? »
– « En quoi est-ce différent d'après vous…? »

Une possibilité intéressante de faire un « relais » lors d'un dialogue entre un client et un vendeur est de l'utiliser pour renforcer la crédibilité d'un propos, d'un argument plutôt que d'affirmer soi-même l'avantage.

Le vendeur au lieu de répondre lui-même, fait parler par sa bouche un absent connu de l'interlocuteur, une référence en somme.

Exemple :
– « Vous connaissez Monsieur Brasseur ?… savez-vous ce qu'il a répondu à cela ?… », ou « savez-vous ce qu'il a décidé ?… », ou « savez-vous pourquoi il a fait ce choix ?… » – « Eh bien, je vais vous le dire… » et vous répondez à la place de l'absent cité.

LA QUESTION RELAIS PERMET D'APPROFONDIR

Il faut bien évidemment user de cette technique avec modération et connaître les rapports existants entre l'interlocuteur et la personne absente citée.

3.5. Questions de relance

Ce sont les questions qui permettent de revenir sur une idée ou une interrogation émises antérieurement par un participant lors d'une réunion, ou par l'interlocuteur lors d'une négociation.

Ce report de réponse, que permet la question « de relance », est volontaire. Soit nous n'avions pas les éléments pour répondre immédiatement, soit que nous voulions différer notre réponse pour la faire dans une situation plus opportune ou plus favorable.

C'est une forme de question miroir « en différé » qui crée la confiance, car l'interlocuteur se retrouve dans la question qui lui est posée.

LA QUESTION DE RELANCE VALORISE L'INTERLOCUTEUR

Cette pratique peut également être consciente pour valoriser un participant en isolant sa question d'un contexte moins favorable.

Exemple :

« Monsieur Legendre, vous posiez tout à l'heure une question pertinente à laquelle nous n'avons pas répondu, pouvez-vous la répéter s.v.p. ? »

Ce peut être également pour relancer le groupe,

Exemple :

« Monsieur Dufils a dit tout à l'heure que le contexte n'était pas favorable, qu'en pense le groupe ? »

Autre utilisation, c'est de faire une « relance » en reposant régulièrement une question (sous une forme différente) à laquelle l'interlocuteur ou le groupe n'a pas répondu complètement, de manière à faire préciser.

Cette « relance » permet également, soit en négociation, soit en animation, de « recentrer » l'interlocuteur ou le groupe sur le sujet ou l'objectif précis de l'entretien ou de la réunion.

LA RELANCE PERMET DE RECENTRER

Exemples :
– « Monsieur Legal, vous me disiez tout à l'heure que... »
– « Madame Gilles, pour revenir à votre question, comment... ? »

– « Monsieur Larcher, pour revenir à notre sujet, dites-moi… ? »
– « Revenons s.v.p. à l'objet de notre réunion, quels sont… ? »

4. Les questions tactiques

Les questions tactiques ont pour but d'orienter la réflexion de l'interlocuteur et de l'amener vers certaines réponses.

Ces questions anticipent la réponse et parfois la contiennent, elles sont suggestives et induisent fortement la réponse, elles mettent la pression, impliquent et stimulent l'intérêt.

Elles sont parfois à la limite de la manipulation et peuvent éveiller la méfiance.

4.1. Questions alternatives

Ce sont des questions positives par excellence, car elles orientent le choix de l'interlocuteur entre deux possibilités ou solutions qui nous sont favorables, en oubliant la troisième possibilité « négative » : le non, le désaccord, le refus d'acheter, etc.

En effet, qu'elles soient alternatives « ouvertes » ou « fermées » la réponse est contenue implicitement dans la question et élimine la réponse « oui » ou « non ».

L'ALTERNATIVE ORIENTE FAVORABLEMENT

Exemple d'alternative ouverte : « Quand voulez-vous être livré, en mars ou en avril ? »

Exemple d'alternative fermée : « Préférez-vous être installé en janvier ou en février ? »

La question alternative commence en principe par un verbe (fermée), sinon (ouverte), l'enchaînement doit être rapide pour éviter l'intervention négative.

Exemple : « Que prendrez-vous ?… 50 ou 100 exemplaires ? »

Il est préférable dans ce cas de dire : « Prendrez-vous 50 ou 100 exemplaires ? »

Comme vous le constatez par cet exemple, ce genre de question est très utile dans la dernière étape d'un entretien, pour amener vers la conclusion.

Exemple : « Désirez-vous être livré ou vous en charger ? »

L'ALTERNATIVE GUIDE VERS LA SOLUTION

Lors de la conclusion, l'alternative peut présenter une approche originale dite méthode du « seulement .... aussi » qui incite l'interlocuteur à repousser la seconde proposition et, de ce fait, à accepter la première.

Exemple :

« Voulez-vous seulement la voiture ou aussi la remorque ? »

Il ne faut donc pas l'utiliser prématurément, mais comme contrôle d'un signal d'accord ou pour orienter le choix de l'interlocuteur. C'est dans ce sens qu'elle est indispensable pour l'obtention d'un rendez-vous par téléphone.

Exemple :

« Pouvons-nous nous rencontrer lundi ou mardi prochain ? »

Son avantage réside dans le fait qu'elle donne à l'interlocuteur l'impression de choisir librement, de décider selon son désir.

De plus, un refus des deux propositions de l'alternative ne bloque pas le dialogue. Il est très difficile de répondre par la négative à toutes les suggestions à moins de passer pour un être asocial.

Cependant, selon le ton et la forme, les questions alternatives peuvent devenir « agressives » ou « provocantes » consciemment afin d'établir une pression sur l'interlocuteur ou le déstabiliser.

Par exemple : « Êtes-vous prêt à décider ou à reculer ? »

L'ALTERNATIVE EST TOUJOURS POSITIVE

En conclusion, les questions alternatives sont très efficaces à condition d'être parfaitement maîtrisées, afin de ne pas donner à l'interlocuteur, quel qu'il soit, le sentiment désagréable d'être manipulé.

4.2. Questions de rhétorique

Les questions de rhétorique font partie de l'ensemble de procédés et de techniques qui permettent de s'exprimer correctement et avec éloquence.

P.R. Bize, P. Goguelin et R. Carpentier[1] définissent ainsi les questions de rhétorique :

« Les questions de rhétorique sont des questions de pure forme, c'est-à-dire que la réponse à la question posée est connue et qu'elle est énoncée par celui qui pose la question. La question de rhétorique change l'expression de la pensée pour la rendre plus facile à comprendre, elle peut permettre de raccourcir la discussion et d'émettre des propositions transactionnelles ».

Ce type de questions peut rendre plus attrayant l'exposé d'une argumentation, par une présentation imagée et structurée des arguments. Elles animent l'entretien et poussent l'interlocuteur à la réflexion.

---

1. P.R. Bize, P. Goguelin et R. Carpentier, *La problémation – le penser efficace*, (Sedes).

Exemples :

« Cette solution présente pour vous beaucoup d'avantages. Lesquels ? Tout d'abord elle permet de… ».

« Votre question appelle plusieurs réponses. Lesquelles ? En premier lieu… ».

LA QUESTION DE RHÉTORIQUE STIMULE LA RÉFLEXION

L'utilisation — sinon l'utilité — des questions de rhétorique est reconnue en animation de groupes et pour la construction des exposés, des discours.

Elles sont destinées à l'intention de l'ensemble des participants du groupe ou de la réunion pour stimuler la réflexion, particulièrement en début de séance ou en début d'exposé.

Ces questions n'appellent pas de réponses orales de la part des participants, celles-ci étant implicites dans les questions ou formulées immédiatement à la suite.

Exemples de questions de rhétorique implicites :

« Désirez-vous poursuivre l'étude dans ce sens, je ne le pense pas ».

« Nous n'allons pas nous enfermer dans cette hypothèse, n'est-ce-pas ? »

Exemples de questions de rhétorique structurantes :

« Quelles sont les incidences d'une telle décision ? J'en vois au moins trois : la première…, la seconde…, la troisième…, »

« Comment résoudre ce problème ? Je vous propose trois solutions raisonnables, tout d'abord… »

LES QUESTIONS DE RHÉTORIQUE STRUCTURENT LES DISCOURS

Comme vous le remarquez dans les discours télévisés ou autres, la structuration du plan se fait fréquemment en trois points. Est-ce comme pour les fleurs, qui s'offrent toujours en nombre impair ?

Au sujet des discours, permettez-moi ce divertissement :

« Un discours c'est comme une mini-jupe, il doit être suffisamment long pour couvrir le sujet, mais assez court pour être attrayant ».

4.3. Questions directives ou dirigées

Avec ce genre de questions, vous « dirigez » l'interlocuteur vers le domaine qui offre les meilleures conditions d'entente mutuelle. En effet, cette méthode permet d'orienter l'entretien sur les points qui, pendant la découverte, ont déjà obtenu l'assentiment du partenaire.

Beaucoup de commerciaux se lancent dans de longues explications ou de grands discours pour obtenir le même résultat. De temps en temps cela réussit, mais c'est beaucoup plus long.

LA QUESTION DIRECTIVE RENSEIGNE SUR LES POINTS SENSIBLES

La question directive amène l'interlocuteur à réfléchir dans une « direction précise », l'incite à se convaincre des avantages et à choisir (se vendre à lui-même) la solution proposée. La question directive fait imaginer à l'interlocuteur la situation future. À nous de la lui présenter sous un jour favorable.

Par exemple vous pouvez poser la question directive suivante :

« Imaginez que vous soyez le premier à posséder cette nouveauté, cela serait-il un avantage pour vous ? »

LA QUESTION DIRECTIVE STIMULE L'IMAGINATION

Maintenant, l'interlocuteur réalise vraiment le ou les avantages que notre offre pourrait lui apporter. Plus il pense aux avantages, plus il pense aux gains ou aux bénéfices, moins il pense aux aspects négatifs ou contraignants.

Ces questions sont à utiliser :

– avec un interlocuteur qui ne donne pas les informations de lui-même ;

Exemple :

– Vendeur : « Ne pensez-vous pas que grâce au nouveau conditionnement de ces produits, vous gagnerez de la place ? »

Client : « J'ai de la place »

Vous savez ainsi que ce n'est pas l'argument « place » qui influencera le client.

– dans le but d'obtenir des réponses précises ;

Exemple :

Vendeur : « C'est pour offrir ? »

Client : « Non, c'est pour moi »

Vous savez ainsi qu'il est inutile de proposer un emballage cadeau.

– dans le but de suggérer une réponse ;

Exemple :

Vendeur : « Devrions-nous vendre à perte ? »

Client : « Non, bien sûr ! »

– dans le but de contrôler l'entretien (pour obtenir un oui) ;

© Éditions d'Organisation

Exemple :

Vendeur :

« Si vous pouviez acheter cet ordinateur en le payant par men-
sualités, le commanderiez-vous aujourd'hui ? »

Client : » Oui… ou… non ».

Dans sa construction positive, la question directive incite l'interlocuteur à « reformuler » nos arguments et, se persuadant lui-même,
de détail en détail, il nous fait progresser vers la conclusion.

> ## LA QUESTION DIRECTIVE FAIT
> ## PROGRESSER VERS L'ACCORD

4.4. Questions indirectes, orientées ou suggestives

Le point commun de ces questions est dans leurs buts :
– ne pas interroger un interlocuteur trop brutalement.
– aider certaines personnes à s'exprimer plus facilement.
– créer un climat propice au dialogue.

Cependant les questions indirectes ou orientées peuvent devenir
manipulatrices, surtout lorsque leur but est :
– de détourner l'attention d'un interlocuteur ou d'un groupe de
  l'objet central de la discussion ou de la réunion.
– d'amener l'interlocuteur à la réponse souhaitée par le
  « manipulateur ».

C'est la technique couramment utilisée par les « faiseurs de tours
de cartes » pour détourner l'attention et amener la personne à
décider d'une carte préalablement choisie.

Exemple :

Vous prenez un jeu de cartes et placez la dame de cœur sur le
dessus du paquet. Puis vous posez des questions orientées :

« Combien de cartes y a-t-il dans un paquet ?... combien y a-t-il de familles de cartes ?... combien de couleurs ?... Lesquelles ?... Laquelle préférez-vous ? »

Si la réponse est rouge, vous continuez normalement, si la réponse est noire, vous enchaînez en disant : par conséquent il reste le... et vous lui faites prononcer « le rouge »...

« Dans cette couleur, carreau ou cœur ?... Dans le cœur, supérieur ou inférieur ?... Dans le supérieur, as, roi ou dame ? AS ! Entre celles qui restent ?... et vous retournez enfin... la dame de cœur... Celle qu'il cherchait ! »

Nous pourrions appeler cette technique, la « technique de la passoire » qui filtre la pensée jusqu'à ce qu'il ne reste plus que la crème, c'est-à-dire ce que nous voulions.

MANIER LES INDIRECTES AVEC PRÉCAUTION

Ce qui caractérise ce type de question, c'est la pression exercée sur l'interlocuteur. C'est pourquoi son utilisation abusive peut devenir malsaine sinon dangereuse. D'ailleurs Jan L. Wage (*Convaincre pour vendre*) recommande de ne pas poser de « questions de conscience » en début d'entretien, questions tabous qui pourraient troubler ou humilier l'interlocuteur.

Par exemple (orientée) :

« Est-il admissible que les vendeurs soient en retard ? »

« Savez-vous depuis combien de temps je vous visite ? »

« Trouvez-vous normal de faire attendre ? »

Par exemple (indirecte) :

– « À propos, je voudrais vous poser une question sur... pouvez-vous me dire comment...? (et changer de sujet).

– « Vous devez être en mesure d'apprécier notre service après-vente depuis ma dernière visite... »

4.5. Questions généralisées

L'intérêt de la question généralisée est d'éviter de centrer, de polariser l'attention de l'interlocuteur sur le but de l'entretien, de la visite, en ne l'interrogeant pas lui-même directement. On l'amène à s'exprimer au nom des autres ou à se situer par rapport aux autres.

> ## LA QUESTION GÉNÉRALISÉE
> ## « DÉPOLARISE » L'ENTRETIEN

Deux orientations possibles :
– soit en généralisant notre offre, dans le cadre de la profession, de l'activité, du secteur de production, de l'ensemble auquel on se réfère ;
– soit en considérant l'interlocuteur comme le représentant de sa profession ou d'un groupe plus large.

Exemples sur le premier cas :
– « Qu'attendez-vous de vos fournisseurs ? » est préférable à « qu'attendez-vous de moi ? »
– « Êtes-vous sensible à la qualité de l'organisation ? » est préférable à « avez-vous besoin d'un micro-ordinateur ? »

Exemples sur le deuxième cas :
– « Comment vont les affaires dans le bâtiment actuellement ? » est moins direct que « avez-vous beaucoup de chantiers en ce moment ? »
– « Votre branche d'activité est-elle sensible à l'ouverture des frontières ? » est moins direct que « avez-vous beaucoup de concurrence ? ».

LA QUESTION GÉNÉRALISÉE FACILITE L'EXPRESSION

Tel que vous avez pu le remarquer dans les quelques exemples choisis, les questions généralisées peuvent être formulées soit sous forme de question ouverte, soit sous forme de question fermée simple ou alternative. Ainsi :

– « Les acheteurs dans votre région sont-ils plus sensibles à la performance qu'à la sécurité ? »

Sous-entendu « à quoi êtes-vous sensible ? »

4.6. Questions interro-négatives

Chacun s'accorde à recommander d'éviter d'employer des phrases interro-négatives qui donnent la réponse en même temps que la question, car elles entraînent presque systématiquement un « NON ».

La seule exception à la règle est lorsque la réponse « NON » à la question négative a un résultat signifiant positif ou permet de confirmer un point de vue.

L'impression négative est souvent dans l'intonation, alors que la formulation est neutre. Il faut donc veiller au ton de sa voix, souvent lié à la forme morale ou physique.

Quelques exemples d'interro-négatives :

– « Ne voudriez-vous pas investir cette année ?… »

– « N'envisagez-vous pas d'investir ?… »

préférer : « Investirez-vous cette année ?… »

ou mieux : « Combien investirez-vous cette année ?… »

Plus l'interlocuteur (client ou autre) est indécis, hésitant, plus il faut poser des questions dans un sens constructif.

LES INTERRO-NÉGATIVES TUENT LA VENTE

Bannir impérativement toutes les formulations à connotation négative et en particulier les interro-négations du genre :
– « Ne voudriez-vous pas ?... »
– « N'aimeriez-vous pas ?... »
– « Avez-vous besoin de ?... »
– « Je viens voir si vous avez un problème... »
– « Qu'est-ce qui ne va pas dans ma proposition ? »
– « Quand est-ce que ça vous dérange le moins ? »
– « N'en commanderez-vous pas cette année ? »
– « Vous ne prenez pas votre décision aujourd'hui ?... »

Elles viennent frapper l'esprit du client inconsciemment comme autant de signaux d'alerte.

Pour illustrer l'incidence néfaste de l'interro-négative, voici une anecdote vécue dans un supermarché : « Une démonstratrice en épicerie fine tentait de faire déguster des gâteaux. Elle essuya un premier refus, puis se tournant vers un arrivant lui demande... vous non plus ?... réponse : non merci ! » À vous de conclure.

4.7. Questions en retour, écho ou boomerang

La question « en retour », appelée aussi « question écho » ou « question boomerang » présente les mêmes conditions d'utilisation que la question « relais », c'est-à-dire qu'elle peut être pratiquée soit en dialogue, soit en animation.

Cependant, son aspect tactique, parfois ambigu, peut donner une impression de dérobade et perturber l'interlocuteur. C'est pourquoi il ne faut pas répéter trop fréquemment son utilisation sous peine de risquer le blocage ou le conflit.

Elle pourrait dans ce cas être ressentie comme une manipulation désagréable et néfaste pour la suite de l'entretien ou de la réunion.

Pourtant, posée de manière adroite, elle présente plusieurs avantages :
- elle permet de déceler les vraies raisons d'une objection, d'une « fausse barbe » ;
- elle amenuise la portée d'une question par l'auto-réponse de celui qui l'a posée ;
- elle permet de lever des ambiguïtés ;
- elle renvoie une question embarrassante ;
- elle auto-rassure l'interlocuteur ;
- elle permet au vendeur ou à l'animateur de rester en retrait par rapport au client ou par rapport au groupe.

Exemples de questions boomerang :
- « Qu'en pensez-vous vous-même ? »
- « Pourquoi me posez-vous cette question ? »
- « En quoi est-ce important pour vous ? »
- « Et à votre avis ? »

ATTENTION LE BOOMERANG REVIENT SUR LE LANCEUR

La question en retour est appelée plus précisément « écho » lorsqu'elle reprend le ou les derniers mots de la question de l'interlocuteur pour l'amener à préciser sa pensée ou ses intentions.

Exemple :
- Le client : « C'est certainement coûteux ? »
- Le vendeur : « Coûteux pour vous ? »
- Le client : « Dans quels types de réseaux de distribution peut-on positionner ce produit ? »

– Le vendeur : « C'est un produit polyvalent, d'après ses critères de prix, de packaging et de qualité ; à votre avis quelles sont les cibles préférentielles ?... »

Lors d'une négociation, certaines questions posées par l'interlocuteur sont parfois ambiguës, c'est-à-dire que leur but n'est pas clairement déterminé ou perceptible. Dans ce cas, nous ne devons jamais répondre directement sans connaître les véritables intentions. La question en retour vient alors à notre secours.

Exemple :
– Le client : « Votre prix m'étonne, pouvez-vous me l'expliquer ? »
– Le vendeur chevronné réfléchit (est-il trop élevé ou le contraire ?) et ne répond pas avant de le savoir, il renvoie donc la question par un « boomerang » : « En quoi vous étonne-t-il ? »

4.8. Questions directes

Ces questions sont utilisées le plus souvent lors de réunions ou lors de négociations à plusieurs interlocuteurs.

La question « directe », comme son nom l'indique, permet de s'adresser directement à un participant en particulier. Dans les circonstances définies précédemment, elle présente plusieurs avantages :

– C'est pour l'animateur un moyen de prendre ou reprendre l'initiative ;

Exemple :

« Monsieur Duval, pouvez-vous nous donner vos prévisions pour l'année prochaine ? »

– Elle permet d'aider un participant timide ou silencieux à s'exprimer ;

Exemple :

« Monsieur Diens que pensez-vous de ce nouveau concept ? »

– Elle permet de mettre en avant un participant qui semble vouloir intervenir sans y parvenir ;

Exemple :

« Monsieur Carel, vous vouliez intervenir il me semble ? »

– Permet de valoriser un participant tout en clarifiant la pensée des autres ;

Exemple :

« Madame Label, pouvez-vous nous expliquer plus complètement votre solution ? »

– Elle est efficace pour utiliser la compétence d'un présent particulièrement qualifié pour répondre ;

Exemple :

« Monsieur Lamonaie, en tant qu'expert-comptable, pouvez-vous nous éclairer sur la signification de ces chiffres ? »

– Elle permet de réveiller un « somnolent » ou un « distrait » pour réactiver son attention ;

Exemple :

« Monsieur Lenfant pouvez-vous nous résumer la situation ? »

À une question directe, l'interpellé a le choix, il peut répondre de différentes façons.

LA QUESTION DIRECTE INTERPELLE

Par *exemple* à la question précédente :

Répondre : « Oui, bien sûr… voici… etc. »

ou : « Excusez-moi, je n'ai pas compris… »

ou éluder : « Il me manque quelques éléments… »

ou renvoyer la question : « Sur quels points particuliers ? »

Mais attention, il n'est pas bon d'insister ou d'exagérer son utilisation, car la personne peut se sentir embarrassée, voire « violée ».

4.9. Questions à la cantonade

La question « à la cantonade » est lancée vers le groupe tout entier, de telle sorte que n'importe quel participant puisse y répondre.

Exploratives, elles permettent :
– d'organiser la réunion ;
– de définir les objectifs ou le cadre du problème ;
– d'établir les limites de la réflexion de groupe ;

Exemple :

« Est-ce que le groupe est d'accord sur le plan proposé ? »

Énumératives, elles permettent :
– de lancer le débat ;
– de stimuler la réflexion du groupe ;
– d'entraîner la participation de plusieurs personnes ;
– de canaliser le travail des participants ;
– de faire progresser le groupe vers l'objectif prévu ;
– d'être concret et d'avoir le sentiment d'utilité.

Exemple :

– « Pouvons-nous énumérer les causes qui ont fait chuter le chiffre d'affaires ? »
– « Que chacun énumère les trois idées qu'il a préparées sur le thème : « comment vendre davantage ? »
– « Pouvons-nous récapituler les voies de solutions trouvées ? »
– « Quels sont les arguments que nous pouvons avancer ? »

LA QUESTION À LA CANTONADE STIMULE LE GROUPE

Trois précautions d'utilisation :

1° Une bonne préparation, tant de l'animateur (pour maîtriser le débat) que des participants (pour être concrets et productifs d'idées).

2° Une idée par question – surtout lorsqu'on examine les avantages et les inconvénients, les points positifs ou négatifs, les qualités ou les défauts, d'un produit, d'une solution ou d'un problème, d'une situation. Ne pas mélanger les deux aspects d'un même problème et ne pas faire réfléchir le groupe sur deux idées en même temps.

Examiner successivement les différents aspects, par exemple :
– « Quels sont les avantages de la première hypothèse ? » puis,
– « Quels en sont les inconvénients ? »
– « Combien rapporterait la vente de ce type de produits ? » puis,
– « Quels seraient les coûts de mise en œuvre ? »

LA QUESTION À LA CANTONADE FAIT PROGRESSER VERS LE BUT

3° Beaucoup de rigueur dans le classement des idées, d'esprit d'analyse et d'impartialité dans les choix. Chacun doit pouvoir ressentir la paternité de la décision.

3

Quelques conseils d'utilisation et exemples de questions en situation

- Quand et comment poser les questions ?
- En situation de négociation
- Après les entretiens
- Pour l'animation de réunions
- En situation d'évaluation
- La construction des exposés
- Les questions et l'écrit
- Pour mieux gérer son temps
- Remise en… question

Quelques conseils d'utilisation

Le climat d'un entretien et la satisfaction des partenaires tiennent dans un dosage équilibré et dans la bonne utilisation du questionnement. C'est pourquoi je vous propose dans les chapitres suivants quelques aide-mémoire et modèles d'enchaînement de questions ainsi que des utilisations en situation. À vous ensuite d'adapter ces exemples à votre activité spécifique.

1. Quand et comment poser les questions ?

Il n'est pas suffisant de poser des questions, encore faut-il poser les bonnes questions et au bon moment.

Il serait en effet trop simple de poser n'importe quelle question, à n'importe quel moment de l'entretien et n'importe comment !

Lorsque nous lançons une discussion ou lorsque nous y participons, n'est-ce pas pour amener notre ou nos interlocuteurs vers notre point de vue ? Où vers un but prédéfini ? En somme, pour l'influencer.

SUGGÉRER PLUTÔT QU'AFFIRMER

Pourquoi les heurter ou les braquer d'entrée en affirmant nos idées ?

Trop de vendeurs, de négociateurs, d'intervenants, commencent (et continuent) leur entretien ou leur exposé par l'étalage de leur savoir, par de catégoriques affirmations, sous prétexte que l'auditeur (client, acheteur ou autre) a débuté par un courtois : « Je vous écoute… »

Si je me place dans le contexte d'une vente et que je compare les avantages du produit à des flèches et le vendeur à un archer (au

© Éditions d'Organisation

Robin des Bois de la vente !), pourquoi commencer à tirer sans avoir déterminé la cible ?

Commençons par poser des questions (ouvertes si possible) pour cerner cette cible que représente le client et ensuite, n'utilisons que les flèches qui ont une chance d'aboutir, de l'atteindre et de faire mouche.

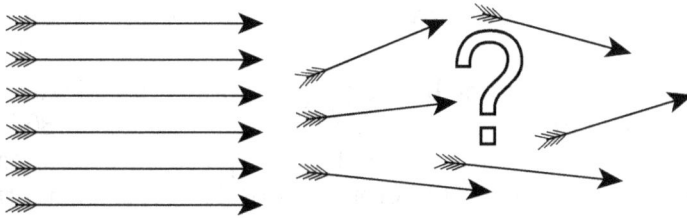

L'ART DE POSER DES QUESTIONS EST UNE PRATIQUE D'EFFICACITÉ, DE TACT ET DE SENSIBILITÉ

Il faut poser la bonne question. Celle qui amène l'information : « Utile, valide, juste, précise, complète, suffisante et claire, la réponse qui enseigne quelque chose ou renseigne sur quelque chose, celle qui fait progresser vers le but ».

Il s'agit de doser les questions de telle façon que les réponses fournies soient riches en informations. L'abus de questions successives, par contre, freine l'interlocuteur et l'indispose. En fait, la réponse doit être telle que des questions supplémentaires deviennent superflues.

Celui qui pose une question sait ou devrait savoir exactement pourquoi il la pose et quelle réponse il désire : la forme (ouverte, fermée, alternative ou autre) qu'il donne à la question est fonction du but à atteindre.

Cela ne va pas sans une bonne préparation. Nous n'insisterons jamais assez sur l'importance de la préparation, c'est 80 % du succès. Il faut se préparer une batterie de questions préliminaires par écrit, ainsi nous n'oublierons pas de les poser et pourrons concentrer notre attention sur les réponses obtenues.

PAS DE QUESTIONS SANS PRÉPARATION

Il importe donc de bien réfléchir à la formulation des questions que l'on pose :
- Dans quel BUT pose-t-on cette question ?
- Quel est le contexte de la situation ?
- Quel type de personnage est l'interlocuteur ?
- Que vais-je apprendre par les réponses faites ?

Ne pas avoir peur de paraître indiscret, voire ignorant : sourire et demander : « Me permettez-vous de vous demander si… », ou « pourriez-vous me préciser si… ». Osez courtoisement et vous verrez les difficultés s'aplanir.

BIEN SOUVENT ON EST TENTÉ DE CHERCHER UNE SOLUTION LÀ OÙ UNE BONNE QUESTION RÉPOND AU PROBLÈME

Lors de chaque phase de la vente, nous devons utiliser des questions différentes dans leur formulation, selon l'étape ou le chemin parcouru dans la connaissance de l'autre.

Il est souhaitable de commencer par des questions d'information générale, qui rassurent, donnent confiance et nous ouvrent la voie. Elles ne doivent contenir que des idées positives et si possible être orientées vers l'intérêt possible ou supposé de l'interlocuteur. À des questions trop directes, celui-ci risque de réagir négativement.

Avec des questions neutres ou généralisées, nous détendons l'atmosphère et faisons démarrer la communication.

À BONNE QUESTION... BONNE RÉPONSE

Le tableau suivant illustre le propos précédent et nous montre les périodes les plus favorables pour les types de questions les plus fréquentes et en fonction du but recherché.

?	Contact	Connaître	Comprendre	Convaincre	Conclure
Ouverte					
Fermée	généralisée		test	récapitulative	
Alternative					
Ricochet					

Mais très vite, dès le début du contact et à plus forte raison lors des phases « connaître » et « comprendre », celui qui doit parler le plus, c'est « l'autre », l'interlocuteur.

Et pour cela, il faut poser des questions, beaucoup de questions « ouvertes », c'est-à-dire des questions qui amènent l'interlocuteur à exprimer sa pensée. Ces questions doivent être précises et dans le sujet.

Ensuite, nous pouvons continuer par des questions beaucoup plus personnelles, des questions d'opinion, des questions directes, des questions qui appellent des réactions.

Cela nous évite d'exprimer notre propre opinion et de commettre des impairs. Mais attention à ne pas aborder des sujets trop personnels, souvent épineux (politique, religieux, etc.).

Rester simple et clair

Rester simple et clair, utiliser des mots compréhensibles par l'interlocuteur et surtout ne pas poser une question qui appelle deux ou plusieurs réponses ! Car l'homme a une écoute très sélective et ne retient qu'une seule idée à la fois. Il ne répondra souvent qu'à la dernière idée exprimée ou, s'il connaît la technique, à celle qui lui plaît, ou l'arrange.

De plus, ces questions « à tiroir » dévoilent par trop ce que nous pensons.

Par contre, dans le cadre des interviews, les journalistes utilisent fréquemment cette pratique des questions à multiples sujets. C'est souvent pour situer la question dans son contexte, plus que pour embarrasser l'interviewé.

Une seule question à la fois = une réponse

Pour en revenir à la progression d'une négociation, lors de la phase « convaincre » ou phase d'argumentation et de démonstration, il

© Éditions d'Organisation

faut éviter encore d'affirmer. L'affirmation soulève l'objection. Par conséquent, penser à formuler les idées, les avantages, ce que nous appelons les arguments, sous forme de questions pour les infiltrer dans l'esprit du partenaire.

Lors de cette phase, utiliser des questions « fermées » de contrôle pour verrouiller l'argumentation.

Lors de la dernière étape, et surtout à la fin, ce que nous souhaitons, c'est entendre notre interlocuteur exprimer son accord par un « oui ». Pour cela, nos questions doivent être récapitulatives et « fermées » ou alternatives favorables ; elles doivent reprendre un mot ou une idée précédemment émis par l'interlocuteur et allant dans la direction de notre but.

CONTRÔLER L'IMPACT DES ARGUMENTS

Enfin, précaution bénéfique, si l'entretien est prévu à l'avance, c'est de le préparer (cf. L'*Alchimie de la vente* - CO1 - de l'auteur), de préparer les questions que nous voulons poser, pour graduer leur portée. Mais attention, ce n'est pas pour autant qu'il faudra utiliser toutes les questions préparées. Cela est fonction des réactions de l'interlocuteur.

Ne pas oublier qu'une inversion de mots peut changer toute l'interprétation… et modifier la réponse de l'interlocuteur.

De plus, c'est un excellent exercice pour pouvoir improviser demain avec succès et naturel.

Jean-Marc Chaput, dans son livre *Vivre c'est vendre*, Le Jour éditeur, raconte l'anecdote suivante qui illustre parfaitement la force des questions :

« Un jésuite rencontre un franciscain au Vatican. Le jésuite et le franciscain, fumeurs invétérés, désiraient fumer pendant la méditation. Ils décidèrent de demander l'autorisation au Père supérieur, chacun de leur côté. A l'heure de la méditation, le franciscain agenouillé priait pendant que le jésuite seul dans un coin de la chapelle, fumait avec un plaisir évident. A la fin de la méditation, le franciscain dit au jésuite : « Vous fumiez sans permission, mon frère ? » et le jésuite de lui répondre : « Mais si, mon frère ». Le franciscain ajoute alors : « Moi, le Père m'a dit que durant la méditation, il ne fallait que prier. » et le jésuite de répliquer : « Mais cher frère, comment avez-vous posé la question ? » Le franciscain : « J'ai demandé au Père, pouvons-nous fumer pendant la prière ? » Le jésuite : « Ah je comprends, voyez-vous mon frère, moi j'ai demandé au Père si nous pouvions prier Dieu en toutes circonstances. Et le supérieur m'a dit oui. Alors, je lui ai demandé si je pouvais méditer… en fumant. »

Fumer en priant ou prier en fumant, les mêmes mots n'ont pas la même incidence, selon la formulation.

FORMULER LE BON MOT À LA BONNE PLACE

2. En situation de négociation

2.1. *Aide-mémoire de préparation*

Prévoir une organisation, préparer les bases d'une réorganisation, préparer une réunion, une visite, une tournée, un discours, une conférence, préparer son travail ou ses vacances consiste toujours à déterminer au préalable :

DES OBJECTIFS À ATTEINDRE !

C'est le premier impératif, qui nous paraît couler de source, mais qu'il est indispensable d'exprimer clairement et concrètement, pour soi et pour les autres.

Pensons-nous pouvoir atteindre un but, s'il est dans les nuages ? Et pouvons-nous alors en fixer les étapes ?

C'est donc la réponse à la question : QUOI ? qui tout naturellement débute une bonne préparation.

QUOI... QUEL OBJECTIF ?

Second impératif, il nous faut trouver les meilleures méthodes et les meilleurs moyens pour parvenir à cet objectif. Car fixer des objectifs sans réfléchir aux moyens pour les atteindre relève de l'utopie.

Le meilleur système pour réfléchir concrètement à ce second impératif est encore de pouvoir répondre par avance aux éternelles questions : Q.Q.O.Q.C.C./P., questions recommandées dans tous les livres d'organisation et dans tous les manuels du journalisme.

QUI ? QUOI ? OÙ ? QUAND ? COMBIEN ?

COMMENT ? et POURQUOI ?

COMMENT ?... CLÉ POUR LA RECHERCHE DES MOYENS

POURQUOI ?... PRESSE-PENSÉE DE LA NÉGOCIATION

Ce moyen mnémonique est idéal pour se rappeler les bonnes questions à préparer et à poser en cours d'entretien ou d'exposé. Voici donc en aide-mémoire quelques questions types à se poser pour progresser :

QUI ?... ET POURQUOI ?

– Suis-je le plus qualifié pour ce genre d'intervention ?
ce genre de prospection ?
ce genre de vente ?
etc.
– Ai-je rendez-vous avec le DÉCIDEUR ?
avec l'interlocuteur valable ?
– Faut-il rencontrer d'autres personnes ?
– Est-ce que je frappe à la bonne porte ?
– Ceux qui me reçoivent, sont-ils bien ceux qui pourront agir ?
– Suis-je assuré d'avoir toutes les réponses nécessaires ?
– Ai-je bien compris toutes ses motivations ?

Et derrière chaque réponse, préciser votre pensée par la formule simplificatrice par excellence : POURQUOI ?

QUOI... ET POURQUOI ?

– Quel est mon objectif ?... et le sien ?
– Quelle est son activité ?
– Quelle est la problématique ?
– Que dois-je lui dire ?
– Quels sont les produits ou services que je peux lui présenter ?
– De quels éléments a-t-il besoin pour se décider ?
– Quelles peuvent être ses objections ?
– Ai-je bien saisi tous les faits ?
– Puis-je répondre à toutes les questions ?

ET POURQUOI ?

OÙ ?... ET POURQUOI ?

– Où vais-je le rencontrer ?
– Quel est le lieu le plus favorable ?
– Où vais-je organiser cette réunion ?
– Dans quel secteur se situe-t-il ?
– Où implanter le produit ?
– Où ferai-je ma démonstration ?
– Chez quel client irai-je en premier lieu ?

ET POURQUOI ?

QUAND ?... ET POURQUOI ?

– Le moment est-il propice ?
– Quelles sont les heures d'ouverture ?
– Aurons-nous suffisamment de temps ?
– A-t-il un projet en cours ?
– Quand prend-il sa décision ?
– Quand pourrai-je le livrer au mieux ?
– Quand dois-je le relancer ?
– Puis-je obtenir la commande à cette visite ?

ET POURQUOI ?

COMBIEN ?... ET POURQUOI ?

– Où en est mon chiffre d'affaires ?
– Quel est son potentiel ?
– Combien de temps peut-il m'accorder ?
– Combien a-t-il d'employés ?

- Combien de fournisseurs en concurrence ?
- Quelles quantités puis-je envisager ?
- Quel est son budget ?
- Quel est le prix de mon concurrent principal ?

ET POURQUOI ?

COMMENT ?... ET POURQUOI ?

- Puis-je m'introduire par référence ?
- Dois-je le voir seul ou accompagné ?
- Dois-je prendre rendez-vous ?
- Quelles questions vais-je lui poser ?
- Comment arriver à un résultat positif ?
- Comment atteindre mon objectif de visite ?
- À quels sentiments dois-je faire appel ?
- Comment lui poser la question décisive ?
- Me suis-je tenu à l'essentiel ?
- Ai-je été trop technique ?

ET POURQUOI ?

POURQUOI ?... POURQUOI ?

- Quel est exactement mon objectif ?
- Pourquoi voir telle personne et pas telle autre ?
- Pourquoi ce créneau et pas tel autre ?
- Pourquoi cette question ?
- Qu'est-ce qui me fait penser cela ?
- Pourquoi ne pas décider aujourd'hui ?
- Quelles sont les raisons de son choix ?

Ce pourquoi du pourquoi, concentre les réponses et simplifie l'action, car il oblige à réfléchir concrètement.

Vous pouvez adapter ces principes à toutes les situations auxquelles vous vous trouvez confronté en utilisant le cadre
suivant :

> ## SITUATION QUI QUOI OÙ QUAND COMBIEN COMMENT POURQUOI

2.2. Enchaînement de questions au téléphone

Les questions sont très utiles au téléphone, en particulier pour
obtenir des renseignements. Or, si les organismes de sondage
les utilisent constamment, il n'en est pas de même de tous les
négociateurs. Beaucoup s'étonnent de ne pas intéresser leur
interlocuteur. Qu'ils recherchent donc dans la manière de présenter leur argumentation et ils s'apercevront qu'ils ne font
qu'affirmer.

Pour s'informer sur le potentiel d'un prospect ou d'un secteur, il
est intéressant de mener une enquête préalable aux démarches
commerciales et le questionnement pourrait avoir (par exemple),
l'enchaînement suivant après les présentations et salutations
d'usage :

– Êtes-vous équipé en matière de… ?

si oui :

– depuis combien de temps ?
– par quelle société ?
– quel type de matériel ?
– pour quels travaux ?
– pouvez-vous m'indiquer la valeur approximative ?
– comptez-vous améliorer le système ?
– quand ?
– comment ?

si non à la première question, enchaîner par :
- comptez-vous le faire ?
              non ....pourquoi ?
              oui ....quand ?
- pour quels types de travaux ?
- avez-vous déjà une idée du matériel souhaité ?
              du fournisseur,
              du budget envisagé,
- comment procédez-vous actuellement ?
- qu'est-ce qui vous amène à changer ?

et s'assurer bien sûr du nom de l'interlocuteur et de sa fonction dans l'entreprise.

Exemple d'enchaînement de questions lors de la prise de rendez-vous par téléphone :
- « Est-ce que je parle à Monsieur André Dupont personnellement ? » .... se présenter et enchaîner,
- « Seriez-vous intéressé par une solution avantageuse en matière de .... pour votre installation xxxx ? »
- « Quand pourrai-je l'examiner avec vous ? »
- « Cela vous arrangerait lundi matin ou préféreriez-vous mardi dans la journée ? »

etc.

Exemple d'enchaînement de questions en prise de commande par téléphone :
- « Monsieur Duval, vous êtes un homme très occupé, n'est-ce pas ? »

... oui,
- « Alors, pouvons-nous gagner du temps ? »
- « Au lieu d'aller vous voir, préférez-vous passer la commande par téléphone ? »
- « Restez-vous sur 12 wwwww ou passez-vous à 18 ? »
- « Quand désirez-vous que je vous rappelle ? »

QUELQUES CONSEILS D'UTILISATION ET EXEMPLES DE QUESTIONS EN SITUATION

– « En début ou en fin de la semaine prochaine ? »
etc.

2.3. En prospection et prise de contact

Lors d'un premier entretien, tous les spécialistes s'accordent à affirmer que la première phrase prononcée par le vendeur est d'une extrême importance pour la suite de l'entretien. Qu'on l'appelle « phrase d'accroche, phrase d'attaque ou phrase d'introduction », elle doit répondre à trois impératifs :
– être positive dans sa formulation,
– être technique pour intéresser,
– être formulée sous forme interrogative.

En résumé, soulever l'intérêt de l'interlocuteur à l'aide d'une question technique, logique, positive qui appelle une réponse sincère ; formuler cette question dans l'esprit du consultant qui veut pouvoir donner un conseil, qui sait pouvoir rendre un service.

Bannir les interro-négations du genre : « Ne voudriez-vous pas... ? » « N'aimeriez-vous pas... ? », « Vous n'avez besoin de rien... ? », « Je viens voir si vous avez un problème... »

Voici quelques exemples de phrases que l'on peut adapter à son style de vente sans les copier :

En assurances : « Savez-vous, Monsieur Gaston, que pour X francs par mois, vous pouvez assurer votre maison contre le vol et l'incendie ? »

Seriez-vous intéressé, Monsieur Denis, par un plan d'épargne qui protégerait vos économies de l'érosion monétaire ? »

En industrie : « Pouvez-vous me dire, Monsieur François, quelle est la durée de vie des paliers que vous utilisez actuellement ? « Utilisez-vous chez vous, Monsieur Paul, tel (nouveau) procédé de fabrication ? » – « Savez-vous, Monsieur Robert, quelle est la

© Éditions d'Organisation

dernière invention qui pourrait vous concurrencer ? » – « Je crois pouvoir vous faire réaliser une économie substantielle, Monsieur Thibault, puis-je vous poser une question ? »

En organisation : « Aimeriez-vous que toutes vos archives tiennent dans un tiroir, Monsieur Léon ? » – « Attachez-vous de l'importance à la motivation de vos collaborateurs, Monsieur Simon ? » – « Désirez-vous augmenter votre impact au prochain salon, Monsieur Roland ? »

Dans le bâtiment : « Voudriez-vous, Madame Roger, économiser trente pour cent sur votre note de chauffage ? » – « Aimeriez-vous, Monsieur Albert, être libéré du service après-vente ? »

En bureautique : « Voulez-vous relancer vos clients trois fois plus souvent, Monsieur Claude ? » – « Que pensez-vous de la présentation de cette lettre, Monsieur Norbert ? » – « Êtes-vous en mesure de m'indiquer dans la minute qui suit, vos deux plus petits clients, Monsieur Victor ? » – « Pouvez-vous comparer cette copie avec les vôtres, Monsieur Jacques ? »

Enfin, deux questions d'ordre général dont les réponses concrètes sont très utiles pour la suite de l'entretien :

– « Qu'est-ce qui, pour vous Monsieur A…, présente de l'intérêt (ou – est important) dans ce domaine ? »

– « Qu'attendez-vous de… (d'un bon fournisseur…), (d'un bon service après-vente…), etc. ? »

Voici une application concrète au domaine du conseil en formation qui peut être facilement transposée à d'autres activités :

Le consultant : « Comment réalisez-vous la formation de votre personnel actuellement, Monsieur… ? Selon les différentes catégories …? »

Enchaîner par : « Êtes-vous pleinement satisfait des résultats ? »… « Si vous pouviez les améliorer, que souhaiteriez-vous ? »…

– « Qu'attendez-vous d'une bonne formation pour vos collaborateurs ? »… « Et pour vous-même ? »…

– « Avez-vous déjà suivi un séminaire de… ? »
– « Quels résultats en avez-vous tirés ? »
– « Quand désirez-vous entreprendre une action de formation ? »
– « De quel genre ? »
– « Qui s'adresserait à qui ? »
– « Que pouvons-nous faire pour vous ? »
– « Quel budget investissez-vous annuellement pour ce capital humain ? »
– « Pourquoi pensez-vous pouvoir faire confiance à notre Institut ? »

2.4. Enchaînement de questions en prospection

Le vendeur, dans sa démarche a souvent quelques difficultés à être suffisamment disponible lors de l'entretien, pour concilier à la fois les impératifs de sa préparation et ceux d'une bonne écoute. C'est-à-dire qu'il a le souci de poser toutes les questions utiles (que savoir sur l'interlocuteur, comment respecter le plan de vente), et écouter totalement les réponses pour orienter l'entretien vers la conclusion.

Le moyen le plus sûr est de se constituer une ou plusieurs check-lists (liste préétablie de questions) en fonction du type d'interlocuteur, du type d'activité, du type de produit. N'est-ce pas ainsi que pratiquent les pilotes dans leurs avions, avant le décollage.

Le véritable artiste est celui qui se prépare à 100 %, qui ne laisse rien au hasard.

Voici un premier exemple tiré de nos expériences pour des vendeurs dans le secteur « Hygiène-toilette », pour réaliser un « diagnostic » auprès des utilisateurs en prévente. Cet enchaînement de questions est basé sur le moyen mnémonique Q.Q.O.Q.C.C.P. :

QUI	— qui chez vous peut me fournir ces renseignements ? qui chez vous serait intéressé par la réalisation d'économies substantielles ? quels sont les utilisateurs potentiels ? qui est le décideur en ce domaine ?
QUOI	— qu'utilisez-vous actuellement ? qu'aimeriez-vous améliorer ? quels sont vos critères de choix ?
OÙ	— quels sont les lieux équipés ? quels sont les lieux à équiper ? où pouvons-nous faire un essai ?
QUAND	— à quel moment faites-vous vos achats ? quand pensez-vous remplacer… modifier… installer… ?
COMMENT	— comment faites-vous actuellement ? comment allons-nous procéder ? désirez-vous une commande d'essai… ou préférez-vous un marché annuel dès aujourd'hui ?
COMBIEN	— quelles sont vos consommations actuelles ? combien d'hommes, de femmes, de postes ? quel est votre prix d'achat actuel ?
COMBIEN	— à partir de quel niveau ou % d'économie choisiriez-vous notre entreprise ?
POURQUOI…	POURQUOI… Pourquoi ?

Ce type de document a permis d'augmenter très sensiblement les ventes et de conforter les commerciaux dans leur professionnalisme.

Voici un deuxième exemple présenté par Lionel Bellanger dans son livre *Qu'est-ce qui fait vendre ?* page 170, relatif à une prospection de vendeur-conseil spécialisé dans le financement des PME et visitant des dirigeants :

1. Quelles sont vos habitudes en matière de financement ?
1. Comment utilisez-vous les services de votre banquier ?
2. Qu'attendez-vous d'un organisme spécialisé de crédit ?
3. Comment se présente votre programme d'investissements pour l'année à venir ?
4. Seriez-vous sensible à une offre comparative ?
5. Qu'est-ce qui pourrait vous amener à faire appel à une nouvelle solution pour vos investissements ?
6. Que souhaitez-vous savoir du mode de financement connu sous le nom de « leasing » ?
7. À quels aménagements de votre plan de remboursement seriez-vous sensible ?
8. Quel serait le meilleur moment pour étudier avec vous une proposition de financement ?
9. Quelles sont vos préoccupations en général face à une recherche de financement ?

De tels plans d'interview gênent parfois les vendeurs qui craignent l'impression d'interrogatoire. Ce risque tombe par une approche professionnelle du prospect. Que le vendeur n'oublie pas que l'acheteur professionnel pratique couramment l'étude comparative et systématique des offres et utilise pour cela la technique du questionnement.

2.5. Lors de la découverte en négociation

Comme vous avez pu le constater dans les paragraphes précédents, l'enchaînement des questions en prise de contact entraîne automatiquement vers la découverte des intentions de l'interlocuteur. Il est vrai que nous devons connaître le plus rapidement possible qui décide, quel est le budget, quel est le « rêve », quels sont les véritables objectifs, quelles sont les motivations, quand sera prise la décision.

Trois types de questions déjà évoquées (ouvertes, fermées et alternatives) sont utilisées dans l'exemple d'enchaînement suivant, relatif à une offre de véranda. Amusez-vous à les reconnaître.

1. Depuis combien de temps habitez-vous ici ?
2. Qu'est-ce qui vous a amené à choisir ce lieu ?
3. Était-ce une obligation ou un choix délibéré ?
4. Qu'est-ce qui vous a donné l'idée de réaliser une véranda ?
5. Avez-vous dans votre entourage un heureux propriétaire de véranda ?
6. Quels sont à votre avis les avantages et les inconvénients des vérandas dans lesquelles vous avez pu séjourner ?
7. À votre sens, quelles sont les qualités d'une bonne véranda ?
8. Puis-je connaître votre activité ?
9. Votre épouse travaille-t-elle ?
10. Votre métier vous laisse-t-il beaucoup de loisirs ou seulement les congés annuels ?
11. Avez-vous une autre résidence ?
12. Quels sont les risques auxquels vous avez à faire face ?
13. Avez-vous envisagé d'autres travaux dans votre maison ?
14. Y a-t-il d'autres vérandas installées dans le voisinage ?
15. Quels sont les autres achats que vous envisagez de faire en même temps que l'achat de votre véranda ?
16. Avez-vous déjà des remboursements en cours pour votre maison ?
17. Pensez-vous qu'il soit préférable de payer comptant ou, profiter du bien de suite et payer en cinq ans ?
18. Comment avez-vous prévu de financer cet achat ?
19. Savez-vous que nos financements comportent une assurance de couverture, chômage et maladie ?
20. Souhaitez-vous un financement total ou partiel ?

© Éditions d'Organisation

21. Est-ce que la qualité est un point important pour vous ?
22. Pensez-vous que la qualité soit un facteur qui justifie un prix ?
23. Avez-vous pensé à une enveloppe financière ?
24. Est-ce qu'une somme de... pourrait s'intégrer dans votre budget ?
25. Quelle formule avez-vous choisie pour le financement de votre projet ?
26. À votre avis, une véranda est un bien consommable ou un investissement ?
27. Pouvez-vous sans quitter votre salon me décrire la véranda que vous souhaitez (surface, forme, matériaux) ?
28. Préférez-vous de nombreux ouvrants ou des parties fixes ?
29. Y a-t-il un modèle qui aurait votre préférence ?
30. Qu'est-ce qui vous plaît le plus dans ce modèle ?
31. Quand souhaitez-vous que votre véranda soit terminée ?

2.6. Pour l'argumentation et en réponse aux objections

Argumenter, c'est transformer une caractéristique en avantage :
– l'expliquer,
– le faire répéter,
– contrôler qu'il a été bien reçu,
– le faire approuver,
– préciser le bénéfice qu'en retirera le client pour lui-même.

Un bon moyen pour être sûr que telle caractéristique de notre produit, service ou proposition peut devenir un avantage pour « ce » client, est de lui présenter l'argument sous forme de question, ainsi :

Plutôt que lui dire « ce matériel est fiable », l'interroger pour provoquer son intérêt de la manière suivante : « Est-ce que la fiabilité est pour vous, Monsieur..., un avantage primordial ? »

Plutôt que lui dire « ce produit est défiscalisable », lui demander : « Est-ce que payer moins d'impôts serait pour vous, Monsieur…, une bonne affaire ? »

Plutôt que lui dire « cet ensemble est monobloc », lui dire ceci : « Est-ce que monter un seul ensemble rapidement, serait déterminant pour vous ? »

Nous pourrions multiplier les exemples à l'infini, mais je suis certain que vous avez perçu comment présenter vos arguments de manière interrogative, en fonction de votre type d'activité.

Je m'attacherai donc plus particulièrement dans ce chapitre à vous donner un plus grand nombre d'exemples concrets, de réponses aux objections courantes qui peuvent survenir lors des entretiens de vente.

Le principe que je vous propose est simple, il consiste à répondre le plus souvent possible aux objections par :
– une question ouverte ou éventuellement fermée,
– brève,
– orientée vers l'intérêt de l'autre,
– formulée de manière positive, attitude et mots pour suggérer le oui,
– parfois pimentée d'insolite.

Objections	Réponses possibles
Je n'ai plus d'argent…	Est-ce un problème de trésorerie ou de rotation de stock ? Désirez-vous en gagner ?
Je suis déjà équipé, j'ai déjà un fournisseur, je suis fidèle, habitué, satisfait, je ne veux pas changer…	Et si demain vous deviez en changer, que lui demanderiez-vous ? Qu'est-ce qui vous ferait changer ? Qu'attendez-vous d'un bon fournisseur ?
Faites-moi une proposition écrite…	Sur quelles bases ? Quels sont vos points d'intérêt ?

Objections	Réponses possibles
Laissez-moi vos prospectus…	Oui, bien sûr monsieur X, mais c'est général, sans rapport avec votre cas particulier, pouvez-vous m'expliquer rapidement… ? Pour quels types de produits ?
Les affaires ne vont pas assez bien…	Dois-je comprendre que vous resserrez les dépenses de fonctionnement ? Comment voyez-vous l'avenir ?
J'ai suffisamment de frais généraux…	Dois-je comprendre que vous misez tout sur les investissements ?… C'est-à-dire ?…
Je paie assez de… comme ça	Êtes-vous sûr de payer à bon escient ?
Je n'ai pas le temps de vous recevoir !	Pouvons-nous aller à l'essentiel ? Quand me proposez-vous ?
Je ne veux pas vous faire perdre votre temps…	Puis-je vous en faire gagner ?
Vous perdez votre temps…	Qu'est-ce qui vous le fait penser ?… C'est-à-dire ?… Pensez-vous qu'apprendre à connaître votre entreprise et vos besoins, soit une perte de temps ?
Qui vous envoie ?	Mon directeur, Monsieur… ou ma conscience professionnelle, ou… le fichier consulaire, ou… votre notoriété,
Je ne connais pas votre société	Puis-je vous la présenter rapidement ?
On dit que votre entreprise a des difficultés ?	Qui on ? En quoi ? Et si je vous dis que notre C.A. progresse ?…
S'il fallait acheter tout…	Vous avez raison et qu'est-ce qui est essentiel pour vous ?
Ça tombe toujours en panne	À quelle fréquence ? Êtes-vous sûr de la bonne utilisation ?
J'ai un ami qui fait ça…	Vous traite-t-il en ami ou en client ? Est-ce vraiment comparable ? Est-il votre fournisseur ?

Objections	Réponses possibles
C'est trop cher !	Par rapport à quoi ? En quoi ?... Est-ce vraiment comparable ?... Que pensez-vous d'un investissement durable ?... N'êtes-vous pas sensible à la qualité ?...
Je vais réfléchir...	À quelle question ? Pouvons-nous réfléchir ensemble ?
Il faut que j'en parle à... mon associé, ma femme...	Pourquoi ? Est-ce lui/elle qui décide dans ce domaine ? Comment le/la rencontrer ? Devons-nous nous rencontrer ensemble ?
J'ai déjà vu votre concurrent	Lequel ? Avez-vous fait affaire ? Que lui avez-vous pris ? Que vous propose-t-il de différent ?
Votre société n'est pas sérieuse...	Qu'est-ce qui vous fait dire cela ? Alors pourquoi nos bons clients nous font-ils confiance ? C'est-à-dire ?
Repassez me voir dans six mois	Pourquoi ? Quels sont les éléments qui auront changé ? Qu'y aura-t-il de nouveau ? Quels projets aurez-vous alors ?
J'ai traité avec quelqu'un d'autre...	Est-ce définitif ? Pouvez-vous me dire avec qui ? Quelle solution avez-vous choisie ?
Pas d'investissement cette année !	Est-ce une question de budget ou de besoin ?
Je ne suis pas intéressant pour vous...	Qu'est-ce qui vous fait dire cela ?
Je n'ai pas de place...	Est-ce le seul point qui vous arrête ?... Est-ce que cela freine vos ventes ?... Pouvez-vous me présenter vos contraintes d'espace ?
Revenez quand vous aurez les produits...	Comment faites-vous avec les nouveautés ?
Vos produits ne se vendent pas	À votre avis pourquoi ? Est-ce une question de clientèle, de caractéristiques ou d'implantation ?...

Objections	Réponses possibles
Tous les produits sont les mêmes...	En êtes-vous convaincu ? Pourquoi en vendez-vous des différents ?
Les vendeurs, vous êtes tous les mêmes !	Vous avez raison sur le principe... me donnez-vous la chance de vous montrer ma différence ?
On ne voit jamais les mêmes têtes !	Êtes-vous contre la promotion des individus ? La routine vous sert-elle mieux ?
Vous êtes le dixième depuis un mois...	Dois-je comprendre que vous n'avez pas trouvé la réponse à vos besoins ?... Formidable, voulez-vous comparer ?... Avez-vous fait votre choix ?
Pourquoi fermez-vous l'agence de ... ?	L'amélioration de la logistique doit-elle être négligée ?
Vous n'avez jamais rien de disponible...	Qu'est-ce qui vous fait dire cela ? Nos produits se vendraient-ils trop bien ?
Les relances de votre service comptabilité ne me plaisent pas...	Voulez-vous qu'on en parle ? Quel mode de paiement avez-vous adopté ? Préférez-vous que ce soit moi qui vous relance personnellement ?
Votre directeur n'a pas daigné venir me voir depuis son arrivée !	Quelles suggestions lui feriez-vous ?
Votre service après-vente, on l'attend !	Quel est pour vous le délai raisonnable ?
Vos prix sont trop élevés !	Sur quels prix votre marge est-elle la plus forte ?
C'est de la camelote !	À votre avis, pourquoi vendons-nous tant ces produits ?
Vos concurrents sont moins chers !	Les produits sont-ils vraiment comparables ? Vous offrent-ils les mêmes services ?

Objections	Réponses possibles
Ce qui m'intéresse c'est le prix !	Et qu'est-ce qui intéresse vos clients ? Quel est le prix de la qualité ?
Mon successeur se débrouillera	Comment ?... ou... Et si vous étiez à sa place, qu'en penseriez-vous ? Que voulez-vous dire par là ?

Et si vous pensez à d'autres objections, n'est-ce-pas la bonne occasion de vous exercer... dans les cases laissées libres ?

Objections	Réponses possibles

2.7. En situation de conclusion

La conclusion est la partie intégrante de tout le processus de vente et son aboutissement. Aussi, tout vendeur aimerait bien connaître la « question miracle » qui fait conclure.

Lors de cette phase finale de la négociation, de nombreuses questions sont encore posées :
– Par le client ou le prospect comme signaux d'achat ou d'intérêt.
– Par le vendeur pour tenter de concrétiser.

2.7.1. Questions signaux d'achat

Au fur et à mesure de la progression de l'entretien, ou des entretiens successifs, le client fournit des indices au vendeur qui, s'il est attentif, doivent lui permettre d'entamer le processus de conclusion. Ces indices, paroles, gestes, attitudes du client, sont appelés signaux d'achat ; ils traduisent inconsciemment les intentions du client.

Je ne m'attacherai à souligner ici que quelques exemples de questions posées soit au vendeur, soit à un tiers (se reporter utilement chapitre 6 – *L'Alchimie de la vente* du même auteur).

Exemples de questions :
– Qu'en penses-tu ? (à son associé).
– Cela te plairait-il ? (à son épouse).
– Tout est-il bien compris ?
– Comment marche exactement la garantie ?
– Quels sont les risques de panne ?
– Avez-vous un service après-vente ?
– Quels sont vos délais ?
– Vous pourriez me livrer pour avril ?
– Puis-je échelonner mes règlements ?
– Pouvez-vous m'en repréciser le prix ?
– Si je me décidais pour… est-ce que ?

– À supposer que je prenne… est-ce que ?
– etc.

Toutes ces formulations sont implicites et doivent nous inciter à tenter de conclure.

2.7.2. Questions à bannir

L'incitation devant être positive, il faut éviter les questions interro-négatives, dubitatives ou celles qui détournent l'attention de l'objectif, telles que :
– N'aimeriez-vous pas… ?
– Il y a un problème ?
– Il y a quelque chose qui ne va pas ?
– Vous n'en voulez pas ?
– Vous n'en commanderez pas cette année ?
– Vous n'en prenez pas cette fois-ci ?
– Qu'est-ce qui ne va pas dans ma proposition ?
– Vous ne prenez pas votre décision aujourd'hui ?
– Vous voulez réfléchir ?
– Est-ce que je vous en mets ?
– Est-ce que cela vous intéresse ?
– Qu'est-ce qui vous arrête ?
– Vous fumez ?
– etc.

Toutes ces phrases et bien d'autres… risquent de détourner l'attention, de différer la vente, voire de la faire perdre !

2.7.3. Questions utiles

Les questions fermées récapitulatives ou les questions alternatives peuvent s'avérer très utiles pour avancer vers la conclusion :

Implicites :
– Ai-je répondu à toutes vos questions ?

- Vous êtes d'accord sur l'essentiel ?
- Vous choisissez la solution X ou la solution Y ?
- Puis-je vous demander de mettre votre nom ici, monsieur... ?
- Voudriez-vous me donner votre accord ?
- Pouvez-vous me redonner votre adresse de livraison ?
- Préférez-vous être livré en mars ou en avril ?
- En combien d'exemplaires désirez-vous la facture ?
- Pouvez-vous me préciser le nom de votre banque ?
- etc.

Directes :
- Combien en voulez-vous ?
- Me donnez-vous le feu vert ?
- Voulez-vous signer ?
- Et en dehors de cela ?
- Quand voulez-vous être livré ?
- Prenez-vous la décision maintenant ?
- etc.

Conditionnelles :
- Si ce produit répond à tous ces critères, l'achetez-vous ?
- Si je vous réponds « oui », l'achetez-vous ?
- Êtes-vous acheteur si je vous montre que ...?
- Si j'appelle ma direction, prenez-vous votre décision aujourd'hui ?
- etc.

B.C.B.G. :
Lorsque la vente est manquée, beaucoup de vendeurs abdiquent, déçus. Or, poser une question dite « B.C.B.G. » au client perdu, permet :
- de laisser une dernière impression favorable ;
- d'analyser objectivement les raisons de l'échec ;
- de féliciter le prospect pour un choix espéré valable pour lui ;
- de préserver l'avenir par une porte laissée entr'ouverte ;

– parfois de rattraper l'affaire incomplètement verrouillée ;
– de maintenir le moral du vendeur pour les affaires suivantes.

Cette question est du style :

« Monsieur X…, je n'ai pas rempli mon contrat vis-à-vis de vous, puisque vous avez fait un autre choix ; j'ai dû commettre une erreur, pouvez-vous me dire laquelle ? »

Et vous en apprenez plus en quelques instants qu'en de longs entretiens inefficaces.

Voici un exemple de situation possible :

le client :	Inutile d'insister, j'ai choisi le matériel z
le vendeur :	Alors Monsieur D…, je vous dois des excuses !
le client :	Je ne vois pas pourquoi…
le vendeur :	Et bien, j'ai dû commettre une erreur pour que vous fassiez un autre choix et vous priver des services de ma Société. Pouvez-vous me dire laquelle ?
le client :	Certainement, votre matériel n'offre pas telle caractéristique qui m'est indispensable.
le vendeur :	Je vous remercie, j'avais omis de vous le préciser, car nous avons aussi cette possibilité. Est-il vraiment trop tard, Monsieur D… ?

Ne vous contentez pas du « Non » du client, faites préciser le pourquoi de ce non, vous serez surpris des raisons.

Contre-question :

Une faute courante en négociation, nous l'avons vu est de répondre à côté de l'attente de l'interlocuteur soit par précipitation (nous croyons l'avoir compris), soit par manque d'informations.

Ce sont là, souvent, péchés de jeunesse. Pour des vendeurs chevronnés, c'est impardonnable, surtout au moment de la conclusion d'une affaire.

Avez-vous réfléchi aux informations essentielles qu'il nous faut connaître avant que de répondre à la moindre question, à ces informations précieuses qui nous font découvrir les vraies motivations de l'interlocuteur, les raisons profondes et concrètes qui le font agir ?

Peut-être serions-nous surpris des réponses si nous poussions le bouchon un peu plus loin, si nous faisions préciser la pensée du client avant de répondre, par une contre-question, par exemple à une question de ce genre posée à l'ultime instant de la négociation :

– le client : « Pourquoi devrions-nous vous faire confiance à vous, plutôt qu'à vos confrères ? »

Plutôt que chercher à répondre coûte que coûte à ce genre de question, approfondissez et « OSEZ » une contre-question du genre :

– le vendeur : « Compte tenu de tous les points que nous avons vus ensemble au cours de nos entretiens, je ne comprends pas bien le sens de votre question, pouvez-vous me dire, Monsieur D, pourquoi vous me posez maintenant une telle question ? »

Ainsi entendrez-vous le client vous expliquer qu'il a reçu un concurrent qui lui paraît offrir des avantages substantiels par rapport à vous (plus ou moins valables à votre sens).

Obtenir du concret, c'est augmenter votre efficacité.

2.7.4. QUIZ : Poser la question décisive[1]

CONCLURE, ou demander la commande, c'est la finalité de la négociation de vente.

Tout dans la négociation tend vers cela, la présentation, la démonstration, les références, les démarches, l'offre. Beaucoup de vendeurs agissent positivement sur tous ces paramètres jusqu'à atteindre le point crucial, puis ils se bloquent.

---

1. D'après Art Myers, *Selling Hints*, octobre 1984.

C'est comme le champion de tennis qui n'arrive pas à gagner sa balle de match, à conclure. C'est la peur de gagner !

Qu'en est-il pour vous ?

Posez-vous cette « question décisive » en confiance quand le moment est venu ?

Le QUIZ suivant vous aidera à prendre votre mesure :

1. Agissez-vous comme si la conclusion était la seule finalité logique à atteindre ?
2. En menant votre négociation, avez-vous la conviction que l'acheteur va vous passer commande ?
3. Avant de poser la question, avez-vous fait un double contrôle pour être sûr que tous les verrouillages de vente ont bien été faits ?
4. Contrôlez-vous avec le client qu'il n'existe aucun malentendu et que tous les points ont été éclaircis ?
5. Si l'acheteur émet une objection, faites-vous tous les efforts pour être sûr que cette objection est valable et que le client n'essaie pas de masquer une autre raison pour refuser d'acheter ?
6. Gardez-vous en réserve un argument percutant pour convaincre l'acheteur hésitant ?
7. Avant la conclusion, contrôlez-vous régulièrement que le climat est propice ?
8. Le moment venu, demandez-vous la commande franchement sans « tourner autour du pot » ?
9. Au moment de la conclusion, éliminez-vous tous les signes d'hésitation et votre voix est-elle suffisamment assurée ?
10. Après avoir posé la question décisive, êtes-vous capable de garder le silence ?

Si vous avez répondu « oui » à toutes ces questions, ne changez rien à votre méthode.

Si vous avez quelques « non », certains points requièrent votre attention et du travail.

3. Après les entretiens

Les fiches suivantes peuvent contribuer à améliorer vos visites.

3.1. Fiche « Analyse des résultats »

Il est nécessaire après chaque visite effectuée auprès d'un client ou d'un prospect, de faire le point sur les possibilités de réussite, de mesurer les écarts entre les prévisions, les objectifs et les résultats de la visite. Cette analyse doit au moins être faite pour les affaires chaudes et importantes.

Ainsi, le résultat de cette analyse permet-il de se fixer des objectifs raisonnables et réalisables, compatibles avec les réalités, pour la visite suivante. Cela permet également de poursuivre ou de modifier la stratégie adoptée et de définir les étapes, le plan de cette négociation.

Nom et adresse du client : ....

Type de clientèle : ....

Potentiel d'affaires : ....

Objectif de visite : ....

Date de visite : .... Durée de visite :........................

Personne rencontrée : .... Qualité :........................

Quel a été le message exposé ? ....

Pourquoi ? ....

Le client a-t-il été sensible à ce message ?....................................

Pourquoi ? ....

Quel arguments l'attire le plus ? ....

Pourquoi ? ....

Tous les services ont-ils été exposés ? ....

Pourquoi et comment ?..

Une démonstration a-t-elle été proposés ?....................................

Faite ? ....

Pourquoi ? ....

Un essai a-t-il été proposé ?...

Fait ? ....

Pourquoi ? ....

La décision a-t-elle été demandée ?..

Pourquoi ? ....

La commande a-t-elle été prise ? ....

Pourquoi ? ....

Date de relance : ....

Pourquoi ? ....

3.2. Fiche « Analyse de visite » (d'après J.L.Wilmes)

(document amendé)

AVANT	APRÈS	MOYENS
SITUATION CONNUE	SITUATION RÉELLE	
– son potentiel	– ?	* Dossier prospect
– ses objectifs	– ?	* Fiche prospect
– ses priorités	– ?	etc.
– ses contraintes	– ?	

AVANT	APRÈS	MOYENS
MON OBJECTIF : – Ce que je veux obtenir,	– Ce que j'ai obtenu	* Préparation
LE CONTACT – Qui je vais voir – Comment vais-je l'aborder ?	– Qui j'ai vu – Comment il a réagi	* Attitudes * Accroches * Prise de rendez-vous * Règle 4 x 20
CONNAÎTRE – Ce que je veux découvrir – Quelles question vais-je lui poser ?	– Quelles furent ses réponses ?	* Question * Q.Q.O.Q.C.C./P.
COMPRENDRE – Préparation mentale – Empathie	– Information concrètes recueillies	* Écoute active * Reformulation * Écho
CONVAINCRE – Quel produit je veux présenter ? – Quel message je veux délivrer ?	– Produits présentés – Message délivré	* Argumentaire * Démonstration * « ZEN »[1]
CONCRÉTISER – Que vais-je lui demander ? – Quand et comment ?	– Ai-je osé ?	* Enthousiasme * Technique de conclusion
CONSOLIDER – Quelles actions mener ?	– Qu'ai-je obtenu ? – Est-il satisfait ?	* Service après-vente * Référence active

1. École qui privilégie l'enseignement de maître à élève par rapport à celui des écritures.

3.3. Aide-mémoire « Analyse d'une vente »

Analyser une vente réussie permet tout autant qu'une analyse d'échec de mieux construire les contacts futurs par une meilleure connaissance de nos points forts et de nos points faibles.

Le QUIZ suivant peut nous y aider à condition de répondre de la manière la plus concrète possible aux questions (par des faits précis) et de rester… sincère :

Contact
- Comment suis-je entré en contact avec ce client ?
- Que savais-je de lui préalablement ?
- Avais-je été ponctuel ?
- Comment étais-je habillé ?
- Comment étais-je préparé ?
- Quelle fut ma phrase d'accroche ?
- Ai-je utilisé des mots ou des phrases négatifs ?

Découverte
- Quelles questions lui ai-je posé ?
- En ai-je posé suffisamment ou pas assez ?
- Avais-je une bonne attitude d'écoute ?
- Quels ont été mes moments d'absence ?
- Ai-je pris des notes ?
- Quelles furent ses meilleures réponses ?… Pourquoi ?
- Ai-je bien décelé ses motivations objectives et subjectives ?
- Quelles sont ses réponses qui me permettent de l'affirmer ?
- Ai-je trop parlé ?…

Argumentation
- Ai-je su choisir mes arguments ?
- Pourquoi ont-ils convaincu ?
- Comment les ai-je présentés ?
- Quel fut l'argument « choc » ?

- Ai-je bien verrouillé chaque argument ?
- Ai-je utilisé les cinq sens du client ?
- Quels documents ou moyens ai-je utilisés ?
- Étais-je enthousiaste et convaincu moi-même ?

Réponse aux objections
- Ai-je été gêné à un moment ?
- Par quelles remarques ?
- Quelles furent les objections principales ?
- Quelles furent mes meilleures réponses ?
- Pourquoi ?
- Ai-je laissé l'objection se dégonfler d'elle-même ?
- Ai-je repéré les vraies objections ?
- Et les fausses barbes ?
- Ai-je transformé l'objection en question ?
- Ai-je gardé ma maîtrise et mon calme ?
- L'attitude « ZEN » a-t-elle été utile et constante ?
- Le prix et les conditions de l'offre furent-ils un frein ?
- Comment l'ai-je convaincu ?

Conclusion
- Quels furent les signaux d'achat marquants ?
- Ai-je osé naturellement ?
- Ai-je tenté la conclusion prématurément ?
- Ou l'ai-je tentée *in extremis* ?
- Ai-je dû faire de la pression ?
- Quelles techniques ai-je dû utiliser ?
- Ai-je eu peur à un moment ? Pourquoi ?
- Ai-je eu l'impression de me relâcher ?
- Alors, pourquoi ai-je gagné cette vente ?
- Aurais-je pu faire cette affaire plus tôt ?

Consolider
- Comment l'ai-je quitté ?
- Quelle impression me laisse ce contact ?
- Serai-je fier d'avoir cette référence ?
- Le lui ai-je dit ?
- Comment ai-je préparé les ventes futures ?
- Que vais-je faire pour tenir mes promesses ?
- Quel service puis-je lui rendre ?
- Ai-je déjà osé demander la « Référence active » ?[1]

4. Pour l'animation de réunions

Est-il besoin de préciser que les questions sont utiles en animation de réunions, quelles qu'elles soient ?

En animation, le ton des questions doit être amical, calme, spontané, naturel. Il doit établir la confiance, la compréhension et rassurer.

Il faut éviter les questions qui risquent d'être sans réponses, de mettre en difficulté ou de créer des oppositions.

Notre but est que les participants s'expriment, prennent plaisir à « participer ». Aussi des questions telles que celles formulées dans les exemples suivants, sont-elles très efficaces :
- Quel est votre avis sur ce sujet ?
- Quelles suggestions pouvez-vous faire ?
- En fonction de votre expérience, comment voyez-vous ...?
- Comment pouvons-nous définir ce problème ?
- Quelles solutions seraient possibles ?
- Comment êtes-vous parvenu à cette solution ?
- Qui veut s'occuper de ce point ?
- Pouvez-vous donner un exemple précis ?
- Quelle sera la première observation possible ?

---

1. Cf. *L'Alchimie de la vente* de Pierre Rataud.

- Pourquoi pensez-vous à ce résultat ?
- Supposons que nous vous suivions, où aboutissons-nous ?
- Y a-t-il d'autres paramètres à respecter ?
- Quelles sont vos raisons ?

Vous constatez que les éternelles questions « Q.Q.O.Q.C.C.P. » reviennent toujours. Qui, quoi, où, quand, comment, combien, pourquoi sont d'une efficacité redoutable quelles que soient les circonstances de leur utilisation.

Mais attention, à une question « comment », les gens répondent souvent « quoi » et inversement. Ne pas hésiter à le faire remarquer et insistez pour obtenir la réponse que vous attendez.

Un autre type de question utile en animation est la question relais (cf. chapitre 2 § 3.4.), qui permet de faire parler les timides, d'impliquer tout le monde. Veiller à les poser de manière aléatoire, pour éviter l'anticipation.

Bien évidemment, des questions entraînent des réponses. C'est comme une partie de ping-pong.

Aussi devez-vous veiller à ne pas répondre vous-même à vos propres questions. Laissez le temps de la réflexion à chacun pour répondre. Si vous pensez que votre question a été mal interprétée ou incomprise, reformulez-la sous une autre forme. Nous devons encourager les autres à s'exprimer.

D'autre part, il faut accuser réception de toutes les réponses en émettant un commentaire favorable. C'est le compliment, la valorisation, la reformulation, que nous retrouvons dans la technique de l'écho, décrite au chapitre 4 de ce livre : « Comment répondre aux questions posées ? »

4.1. Aide-mémoire « Analyse d'une réunion »[1]

Malgré les difficultés que cela peut présenter, essayez à chaque occasion de vérifier l'influence que les quelques heures passées en commun ont pu avoir sur la vie de vos affaires, sur vos relations interpersonnelles, sur votre communication. Faites régulièrement le bilan.

À propos de la dernière réunion
1. Avais-je bien défini les objectifs ?
2. Ai-je su motiver les participants pour les atteindre ?
3. Les participants ont-ils appris quelque chose ?
4. Ai-je appris quelque chose ?
5. Cette séance a-t-elle permis de résoudre un problème ?
6. A-t-elle été suivie d'une amélioration d'activité ?
7. Le temps imparti était-il suffisant ?
8. Les conditions matérielles étaient-elles suffisantes ?
9. Les participants étaient-ils préparés ?
10. Cette réunion était-elle nécessaire ?
11. Le compte rendu a-t-il été envoyé à chacun ?
12. Que puis-je améliorer pour la prochaine réunion ?

Avant la prochaine réunion
CHECK-LIST DE QUESTIONS À SE POSER :
1. Cette réunion est-elle indispensable ?
2. Pour qui ?
3. Ai-je invité tous les intéressés et seulement, eux ?
4. Ai-je fait savoir aux participants ce que j'attendais d'eux (interventions ou questions, sujets, préparation, temps imparti…).
5. Aurai-je sous la main toute la documentation nécessaire ? (tableau de bord, statistiques…).

---

1. On pourra lire à ce sujet, *Mener une réunion efficace* de René Moulinier, (Éditions d'Organisation, Paris, 1990).

6. De quel matériel ai-je besoin et pourquoi ?
7. L'heure choisie est-elle la plus favorable pour tous ?
8. La durée fixée est-elle suffisante ?
9. Le lieu géographique est-il équitable pour tous ?
10. La salle de réunion choisie est-elle convenable ?
11. Est-elle à l'abri des interruptions (téléphone).
12. Ai-je prévu des pauses ?
13. Ai-je précisé au secrétariat le niveau d'isolement où j'entends rester ?

5. En situation d'évaluation

RECRUTEMENT – ENTRETIEN D'APPRÉCIATION

5.1. Recrutement

S'il est une situation au cours de laquelle il est nécessaire de poser des questions, c'est bien dans la position du consultant en recrutement. En effet, comment obtenir le maximum d'informations dans un minimum de temps, au cours d'une interview pour pouvoir se faire l'idée la plus juste possible sur le candidat reçu, sinon par l'utilisation d'une batterie de questions bien rodées.

Je reprendrai le « guide d'entretien » de mes amis Josiane Agard et Vaz, qui résument fort bien « le nécessaire » dans leur excellent ouvrage Le *recrutement de A à Z* paru chez InterÉditions.

5.1.1. Guide d'entretien

Voici un inventaire non exhaustif des informations à obtenir en entretien. L'ordre chronologique a été adopté pour en faciliter la lecture. Bien entendu, cet ordre n'est pas immuable, la formulation des questions non plus.

1. Jeunesse du candidat
Lieu de naissance. Profession des parents.

A-t-il des frères, des sœurs ?

Dans quelle ambiance familiale a-t-il évolué ?

Quelles aides pense-t-il avoir reçues pour aborder sa vie d'adulte ?

2. Études, formation
Quelles écoles a-t-il fréquentées ?

Quelles étaient ses matières préférées ?

A-t-il rencontré des professeurs qui l'ont particulièrement marqué ? Pourquoi ? Comment ?

Quels ont été ses résultats ?

Dans quelles conditions s'est-il orienté vers ses études supérieures (ou son métier) ?

Aurait-il aimé prendre une autre voie ? Pourquoi ?

3. Vie professionnelle
Quand et où a-t-il commencé à travailler ?

Quels postes a-t-il occupé, dans quel genre de sociétés ?

Comment a-t-il évolué (mutations, promotions, départs) ?

Quels souvenirs marquants en garde-t-il ?

Dans quels types d'activités, de situations, se sent-il à l'aise ?

A-t-il un projet personnel, de quelle nature, pourquoi ?

4. Vie sociale
Est-il marié ? Depuis quand ?[1]

Son conjoint a-t-il une activité ?

Comment conçoit-il la vie de famille ?

---

1. On rappellera que la loi sur l'Emploi et les libertés, inspirée par le rapport du Professeur G. Lyon-Caen, limite ce genre de questions à ce qui est strictement en relation avec le poste de travail.

A-t-il des enfants ? Quel est son style d'éducation ?

À quoi s'intéresse-t-il en dehors de son travail ?

Appartient-il à des associations, lesquelles, pourquoi ?

Quel rôle y joue-t-il ?

Avec quel genre de personnes se lie-t-il plus volontiers, pourquoi ?

Quels sont ses loisirs favoris, pourquoi ?

À quelles activités se consacrerait-il s'il disposait de plus de temps, pourquoi ?

5. Auto-appréciation

Quelles sont, à son avis, ses caractéristiques marquantes ?

Comment se traduisent-elles dans la vie de tous les jours ?

Considère-t-il avoir des points faibles ? Comment se concrétisent-ils ?

Qu'est-ce qui le stimule particulièrement ? Inversement, de quoi a-t-il horreur ?

Quel genre de patron souhaiterait-il avoir, pourquoi ? Quel genre de supérieur n'aimerait-il surtout pas avoir, pourquoi ?

Comment voit-il l'avenir ? Quels sont ses atouts pour réaliser ses ambitions ?

Dans quel ordre de préférence classerait-il les six points suivants : liberté d'action, sécurité, climat de travail, rémunération, intérêt de l'activité, garantie de promotion ? »

6. Sur le Poste

Qu'a-t-il compris du poste ?

Qu'est-ce qui l'intéresse dans la fonction ?

Que pense-t-il maîtriser ?

Que devra-t-il améliorer pour être opérationnel ?

5.1.2. Techniques de l'interview

Technique n° 1 : QUOI (qu'est-ce qui a été fait ?)

Au niveau informatif, les questions qui reviennent le plus souvent au cours de l'entretien tournent autour du « QUOI ». Mais croire que l'on peut avoir le reflet fidèle de l'interviewé uniquement par ce jeu est utopique. Nous n'obtenons qu'un tissu de faits peu révélateurs. C'est un relevé topographique qui ne révèle rien de ce qui est caché. C'est la partie apparente de l'iceberg.

Exemples : Quelle expérience avez-vous en informatique ?
Quels stages avez-vous faits à l'étranger ?
Quelle rémunération avez-vous actuellement ?
Combien souhaitez-vous ?

Technique n° 2 : POURQUOI (quelles sont les raisons de faire ?)

Qu'est-ce qui pousse réellement l'individu à agir ?

Quelle est la face cachée de l'iceberg ?

Quelles sont les vraies motivations ?

Le seul moyen de le savoir est de le demander. Comment : à chaque réponse du candidat évoquant un fait intéressant, dès qu'il s'arrête, enchaîner par la question « presse-pensée », pourquoi ?

Exemples : Vous êtes resté six mois sans travail ... pourquoi ?
Vous avez repris vos études le soir, pourquoi ?
Vous voulez changer d'orientation, pourquoi ?
Vous voulez quitter cette entreprise… pourquoi ?

Technique n° 3 : COMMENT (manière de faire ou de vivre ?)

Après le pourquoi, qui vous indique si les raisons sont en béton, le comment va démonter les mécanismes de l'action.

Exemples : Comment avez-vous vécu cette nouvelle expérience ?
Comment voyez-vous votre évolution de carrière ?
Comment voyez-vous vos relations avec vos collègues ?
Comment concevez-vous votre rôle dans ce poste ?

Ainsi, la technique n° 1, telle une caméra avec grand angle balaye le panorama de la vie du candidat, la technique n° 2 focalise avec son zoom sur les détails importants et la technique n° 3 met en mouvement et projette la vérité sur grand écran.

5.2. Entretien d'appréciation

Dans tout entretien d'appréciation, il y a deux types de questions :
– les questions que l'on doit se poser en tant que responsable de l'appréciation,
– les questions que l'on doit poser à l'apprécié.

Dans le premier cas, je me permettrai de citer un extrait du livre de R. Hugonnier, *Former des chefs*, chez Dunod :

« Questions à se poser pour apprécier un collaborateur »

1. Quel est le degré d'adaptation de l'intéressé à sa fonction actuelle ?
2. Si cette adaptation est mauvaise actuellement, peut-elle s'améliorer à terme, sous quelles conditions ?
3. Si l'adaptation est hypothétique, quelle autre orientation conviendrait mieux à l'individu ?
4. Quel est le meilleur atout de ce collaborateur ?
5. Quel est son point le plus faible ?
6. Quelles sont ses capacités d'évolution ?
7. Quel est le plafond prévisible de son développement ?
8. Quelles sont les possibilités de mutation ou promotion inté-ressantes pour l'intéressé ? Sous quels délais ?
9. Quels sont les efforts à demander à l'intéressé ?
10. Quelle aide l'entreprise peut-elle lui fournir ?
11. Quelle aide puis-je lui fournir personnellement ?
12. M'est-il possible de lui « déléguer » davantage ?

Bien sûr, concernant l'apprécié, on peut s'interroger sur d'autres points selon la profession, par exemple :
- répond-il à ce qu'on attendait de lui en l'engageant ?
- comment se situe-t-il par rapport à ses collègues ?
- est-il qualifié pour ce poste par son expérience et sa formation ?
- accroît-il le prestige de l'entreprise auprès de ses clients ?
- comment atteint-il ses objectifs ?
- dans quelle mesure est-il disposé à faire des efforts ?
- quels sont ses rapports avec ses collègues ?
- quels sont ses rapports avec ses supérieurs ?
- quel appui moral lui apporte sa famille ?
- connaît-il bien son marché ?
- est-il conscient de ses responsabilités ?
- est-il bien organisé ?
- est-il capable de s'enthousiasmer ?
- quelles sont ses qualités de négociateur ?
etc.

Le nombre de questions à se poser en tant que responsable, avant un entretien est presque sans limite. C'est pourquoi, se préparer une « check-list » est de bonne précaution. Elle permet de ne rien omettre et d'apprécier chacun avec équité.

Beaucoup d'entreprises élaborent des documents d'apprécia-tion, certains très compliqués, avec des notations, d'autres plus simples dans leur conception, mais plus ouverts par les ques-tions qui sont posées à l'intéressé qui les remplit lui-même, avant l'entretien. Voici un exemple de questionnaire :
- À votre avis, quels sont les points forts qui vous ont amené à vos responsabilités actuelles ?
- Dans quels secteurs pensez-vous devoir vous améliorer ?
- Quelle est votre appréciation globale sur votre travail ?

- Dans quels domaines pensez-vous que votre direction puisse améliorer sa contribution ?
- Qu'aimeriez-vous faire pour contribuer à votre développement personnel ?
- Comment voyez-vous votre avenir au sein de notre société ?
- Quelles suggestions pourriez-vous faire pour qu'il soit encore plus agréable de vivre dans notre société ?
- Auriez-vous d'autres commentaires à ajouter concernant votre activité, la promotion en général, vos projets personnels et vos ambitions ?

Ces questions, aux réponses préparées et réfléchies, n'excluent pas la batterie de questions spécifiques posées au cours de l'entretien.

6. La construction des exposés

Ce sujet a déjà été évoqué au chapitre 4.2 « Questions de rhétorique », page 52. Cependant, nous pouvons ajouter quelques conseils.

Le souci d'un orateur, n'est pas le fond de son exposé, qu'en principe il possède bien. Sa préoccupation c'est la forme, comment structurer son discours afin que le message passe bien, soit bien compris, atteigne son but ?

Une manière efficace est de présenter l'exposé en trois parties, elles-mêmes subdivisées en deux ou trois sous-chapitres. Les idées elles-mêmes étant qualifiées par deux ou trois adjectifs.

Accrocher l'attention par des questions :

Il faut éveiller l'intérêt par des questions qui posent le sujet et amènent d'emblée à réfléchir. Si possible des questions orientées vers l'intérêt personnel des auditeurs. Cette technique est très utilisée par les tribuns et hommes politiques.

La légende attribue à Abraham Lincoln, ancien avocat et président des États-Unis, cette technique qui consiste à débuter un exposé par trois questions structurantes auxquelles on apporte ensuite, soi-même, les réponses. On raconte l'anecdote ainsi :

« Il y eut un grand procès aux États-Unis vers les années 1840, dont les protagonistes étaient les chemins de fer américains et les transports fluviaux du Mississipi. Ces derniers prétendaient que le fleuve leur appartenait et voulaient faire détruire le pont que les chemins de fer, avaient construits pour relier les deux rives.

Après la longue et excellente plaidoirie de leur avocat, on pensait qu'ils allaient obtenir gain de cause. Survint alors, pour la défense, un jeune avocat inconnu, nommé Abraham Lincoln, qui commença sa plaidoirie de la manière suivante :
– Mesdames et Messieurs les jurés, les États-Unis sont-ils toujours un pays défenseur de la liberté ?
– Les citoyens américains sont-il tous nés égaux ?
– Alors pourquoi les habitants du Nord auraient-ils le droit d'aller au Sud, alors que ceux de l'Ouest n'auraient pas le droit d'aller à l'Est ?

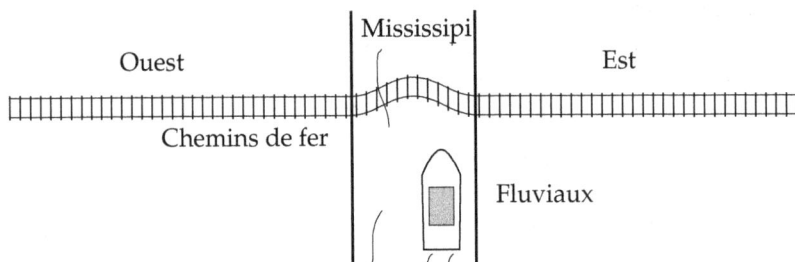

Et sur ces trois questions, il étaya sa défense en développant la notion de liberté, d'égalité et de libre circulation. À leur grand dam, les fluviaux furent déboutés et le pont resta debout. » C'est ainsi que l'océan Atlantique fut relié à l'océan Pacifique et que Lincoln commença à se tailler une solide réputation.

Relancer par des questions :

Essayez cette méthode et relancez ensuite l'exposé par quelques questions de rhétorique, vous constaterez qu'en ne mémorisant que quelques mots-clés, vous parviendrez à construire l'ossature de votre exposé, à le rendre attractif et convaincant, tout en abandonnant les notes de préparation. Vous soutiendrez l'intérêt de l'auditoire et réveillerez les assoupis !

Ces questions permettent de développer l'argumentation, elles excitent la curiosité, elles modulent la voix et obligent à des pauses, elles incitent à faire des gestes pour appuyer et souligner les images fortes.

Et si vous voulez le terminer comme un feu d'artifice de 14 juillet, par un bouquet final incitatif, pourquoi ne pas conclure par « une question de conclusion percutante », récapitulation choc du but à atteindre pour interpeller vos auditeurs.

7. Les questions et l'écrit

Combien de lettres sont écrites par jour de par le monde et combien vont directement au panier ? Combien d'autres, bien que lues, n'atteignent pas leur objectif !

Beaucoup d'auteurs ont traité le sujet du « mailing » ou « publipostage », autrement dit de la « lettre de vente ». Je me contenterai de rappeler quelques règles essentielles qui vont parfois à l'encontre de certains avis dits « éclairés », mais à une époque où les gens sont d'une part noyés sous un flot de prose, d'autre part de plus en plus comptables de leur temps, je prêche pour des courriers courts et incisifs, plus que pour un délire verbeux.

7.1. Quelques règles à respecter

1. Se mettre dans la peau du destinataire, ou de la cible (secteur professionnel, sociologique, etc.), c'est ce que l'on appelle faire preuve « d'empathie », cet art de communiquer avec les autres.

2. Employer un langage courant en choisissant des termes précis ainsi que des images parlantes et vivantes. C'est-à-dire éviter notre jargon professionnel ou sectoriel. Utiliser des mots et des phrases à connotation positive.

3. Aller droit au but : c'est-à-dire entrer au plus vite dans le vif du sujet, sans tourner autour du pot.

4. Ne traiter qu'un seul sujet par lettre pour ne pas disperser l'attention. Savoir se limiter à l'essentiel.

5. Personnaliser le message sur l'enveloppe et si possible sur la lettre, en indiquant les prénoms, nom, titre et adresse.

6. Enfin, utiliser la vieille règle de vente de Heinz Goldmann, « A.I.D.A. », valable dans son principe pour toutes les argumentations devant déboucher sur une décision : négociation d'un contrat de vente, prise de rendez-vous téléphonique, présentation d'un écrit de vente.

A... ATTIRER L'ATTENTION par une formule, une phrase choc. C'est l'accroche de départ qui peut susciter la réflexion par une bonne formule interrogative telle que : « Comment allez-vous réagir face à la crise ? »

I... INTÉRESSER le correspondant. Provoquer l'intérêt en centrant notre proposition sur les motivations supposées de l'interlocuteur ou de sa catégorie. Là encore quelques questions ouvertes bien posées peuvent faire miroiter l'essentiel de notre proposition au lecteur : « Que penseriez-vous de... Monsieur Duval... ? »

D... DÉCLENCHER LE DÉSIR. Sélectionner les arguments logiques et les arguments psychologiques en partant des préoccupations immédiates de l'interlocuteur. Écrire de manière concise, mais imagée pour faire travailler l'imagination, évoquer le rêve.

A... ACTION, provoquer l'action. C'est inciter le lecteur à concrétiser sa démarche dans le sens de notre offre, par une réponse, l'envoi d'un coupon, un rendez-vous téléphonique, etc.

Un spécialiste des publipostages, Régis Hauser[1], insiste sur l'efficacité de deux mots puissants dont nous pouvons user et abuser : **« Pourquoi »** et **« Comment »**.

Le lecteur, au fur et à mesure de sa lecture, réfléchit et formule dans sa tête des interrogations muettes, des objections. Or, pour être percutant, notre message doit être potentiellement chargé d'une multitude de « petits oui », d'impressions positives. C'est pourquoi il faut anticiper sur ces objections ou interrogations pour les bloquer ou les atténuer.

Comment ? Tout simplement en les formulant à sa place !

Si vous prenez la peine de placer des « pourquoi » et des « comment » aux bons endroits, votre correspondant trouvera les réponses à ses questions au moment précis où elles s'éveilleront dans son esprit. S'il pense « tiens pourquoi ? », il trouve écrit... » pourquoi ? tout simplement parce que cette robe est lavable en machine », par exemple.

Selon Régis Hauser, un bon moyen de réaliser un tel message est de le lire à un ami en l'invitant à nous interrompre chaque fois qu'il le jugera nécessaire. Repérez les interruptions et réécrivez votre texte en y incluant, aux endroits adéquats, des « pourquoi » et des « comment ». Vous verrez que votre copie y gagnera en clarté... et en efficacité[1].

Dans la phase A (attirer l'attention), les « pourquoi » et les « comment » peuvent aussi servir d'introduction à d'excellentes mentions chapeaux telles que : « Comment Madame Dupont est-elle devenue millionnaire ? »... » Pourquoi ai-je décidé de choisir XYZ comme conseiller ? »

---

1. Régis Hauser, *Consevoir et rédiger des mailings efficaces*, Éditions d'Organisation, Paris, 1998.

7.2. Sélection d'adresses par le jeu des questions[1]

À partir d'un bon fichier (clients, prospects, catégoriel, etc.), les questions suivantes peuvent être posées pour le rendre plus sélectif, mieux ciblé, actualisé :

1. À quand remonte la dernière exploitation de ce fichier ?
2. Quel a été le nombre de retours postaux ? Les corrections ont-elles été faites ?
3. Où trouverai-je les adresses des prospects ?
4. Quel est le pourcentage de doublons entre plusieurs fichiers ?
5. Qui se charge des mises à jour, des corrections, des éliminations ?
6. Comment enrichir le fichier de base et parer à sa dégradation ?
7. Dans un fichier entreprises, qui est le vrai décideur ?
8. Faut-il informatiser mon fichier ?
9. Faut-il l'imprimer sur étiquettes-adresses en fonction du volume ?
10. Comment optimiser l'exploitation de mon fichier ? (états statistiques).
11. Quels paramètres prévoir dans mon fichier ?
12. N'y a-t-il pas un fichier plus performant existant ailleurs ?

8. Pour mieux gérer son temps

Le temps est une ressource rare, stratégique et non renouvelable dont on peut faire mauvais usage, aucun usage, excès d'usage ou usage à des riens.

---

1. Pierre Rataud, *L'Alchimie de la vente*, Éditions d'Organisation, Paris, 1990.

C'est bien une denrée rare, puisque 90 % des responsables inter-rogés estiment qu'ils manquent de temps pour accomplir leur travail. Une denrée stratégique, puisqu'à chaque instant de la journée nous sommes confrontés à des choix pour prendre des décisions.

Hélas ! Il n'y a pas de recettes miracles, mais sans doute un certain nombre de principes, de règles, de méthodes et surtout de comportements adéquats. Une meilleure gestion du temps com-mence d'abord par une remise en cause personnelle, appelée aussi « remise en question » (cf. chapitre suivant).

En effet, il nous faut commencer par nous poser un certain nombre de questions, sur nous-même, notre organisation, notre communication, notre activité, notre motivation, nos relations avec les autres. En résumé, se poser au début trois questions essentielles :

– Suis-je efficace ?
– Est-ce que je me consacre à l'essentiel ?
– Suis-je prêt à changer quelque chose en méthode et en comportement ?

Alors, comment reconnaître que nous sommes ou non sur la bonne voie ? Voici quelques éléments pour un auto-diagnostic :
– mes horaires de travail sont-ils anormalement lourds ?
– mes tâches sont-elles très morcelées ?
– ai-je l'impression de trop subir les événements ?
– est-ce que je prends le temps de préparer suffisamment ?
– suis-je trop soumis à des sollicitations contradictoires ?
– mes relations de communication sont-elles normales ?
  • avec mes collaborateurs,
  • avec mes collègues,
  • avec mes supérieurs,
  • avec les autres services,
  • avec l'extérieur.

– suis-je confronté à des situations critiques ?
  • en rapport avec le courrier,
  • en rapport avec le classement ou les études,
  • en rapport avec la maîtrise de ma fonction.

Questions pour un auto-contrôle :

Après avoir recensé toutes les tâches qui font notre activité (ou… qui mangent notre temps), se poser les questions suivantes et faire une analyse critique :
– Est-ce à moi de le faire ?
– Dois-je et puis-je déléguer ?
– Est-ce utile et pour qui ?
– Puis-je réaliser cette tâche autrement ?
– Que devrais-je faire, que je ne fais pas ?
Puis décider des mesures d'auto-amélioration nécessaires.

Questions pour décider et choisir les priorités :
– Est-ce important ou non important (essentiel) ?
  (est-ce rentable… ?)
– Est-ce que cela prend beaucoup ou peu de temps ?
  (combien coûte la réalisation… ?)
– Est-ce urgent ou non urgent (délai) ?
  (à remplacer souvent par est-ce prioritaire… ?)

Ces trois questions énumérées dans l'ordre et sans état d'âme, permettent de filtrer les informations à traiter et déterminer les priorités avec le maximum d'efficacité.

Questions pour identifier et classer ses objectifs :

Charles Hobbs dans son récent ouvrage *Organisez votre temps, maîtrisez votre vie* (Businessman/First), recommande 12 questions – 7 pour identifier ses objectifs, 5 pour les classer. Je vous les livre et faites-en bon usage :

Identification

1. « Parmi mes objectifs à long et moyen terme, quels sont ceux sur lesquels je devrais travailler aujourd'hui ? »
2. « Quels sont les projets qui m'apporteront la plus grande satisfaction, en regard du temps passé à les réaliser ? »
3. « Quels projets, s'ils ne sont pas réalisés, risqueraient de me faire perdre mon emploi ou menaceraient gravement la survie de la société ? »
4. « Quels sont les projets considérés comme les plus importants par le patron ? »
5. « Quels sont les points figurant sur ma liste « action » précédente et ma liste de réserve sur lesquels je devrais travailler aujourd'hui ? »
6. « Que me suggèrent de faire mes principes « unificateurs »[1]? De quelle manière la politique générale de la société m'incite-t-elle à agir ? »
7. « Quelles sont les options que je n'ai pas considérées et qui seraient génératrices d'excellents résultats à long terme ? »

Classement

1. « Parmi les tâches figurant sur ma liste, lesquelles me seront les plus utiles dans la réalisation de mes objectifs majeurs à long et moyen terme ? »
2. « Quelles sont les tâches qui m'apporteront les meilleurs résultats à long terme ? »
3. « Quelles sont celles dont la réalisation me procurera la plus grande satisfaction ? »
4. « Que se passera-t-il si je ne réalise pas tous ces projets aujourd'hui ? Qui cela affectera-t-il ? Est-ce que quelqu'un en souffrira ? »
5. « Dans une perspective à long terme, quelles sont les tâches qui m'apporteront la plus grande satisfaction, si je les réalise ? »

---

1. Principes unificateur = « Les priorités les plus essentielles entre toutes » Cf. (Charles Hobbs, voir bibliographie)

9. Remise en... question

Le monde bouge, de plus en plus vite. Les changements s'accélèrent. L'être humain semble figé par rapport aux évolutions technologiques dont il est à l'origine. Limité par ses compétences, ses aptitudes et ses habitudes, il se trouve souvent dépassé par les événements ou par des congénères plus souples.

Comment s'adapter rapidement ? Comment vaincre la routine ? Comment poursuivre son évolution ou plus simplement rester au goût du jour ? Comment être mieux accepté par les autres ? Comment vivre pleinement sa vie ?

Que de questions pour lesquelles les réponses ne sont pas simples. Dans le chapitre précédent, nous avons évoqué la gestion du temps. Cette notion est indissociable de la remise en cause. C'est avant tout une affaire de maîtrise personnelle.

En ce qui me concerne, je verrais quatre clés essentielles pour une remise en cause efficace, c'est-à-dire constructive :

1.   Vouloir profondément changer. Cela conduit à l'anticipation.

> « Agir et non réagir »
> **Mac Cormack**

2.   Faire preuve d'un optimisme raisonnable. Considérer d'abord ce qui est positif dans les hommes et dans les choses. C'est canaliser notre énergie vers la réussite.

> « Le pessimisme est une affaire d'humeur,
> l'optimisme est une affaire de volonté »
> **Alain**

3. Faire preuve de modestie, d'humilité et de sincérité. C'est admettre l'imparfait.

> « Tout homme que je rencontre
> m'est supérieur en quelque chose »
> **Emerson**

4. Persévérer quoi qu'il arrive. Rien n'est jamais totalement acquis.

> « La persévérance est au courage
> ce que la roue est au levier »
> **Victor Hugo**

Ces préalables étant établis, car en la matière il ne suffit pas de vouloir « se » poser des questions, encore faut-il vouloir apporter des réponses et prendre des décisions, nous pouvons lister un certain nombre de questions possibles :

– Qu'est-ce que je veux faire de ma vie ?
– Qu'est-ce que je fais dans ma profession ?
– Quels sont mes objectifs (privés et professionnels), à court, moyen et long terme ?
– Qu'est-ce que les autres attendent de moi ?
– Quels sont mes points forts et mes points faibles ?
– Qu'est-ce qui me procure le plus de joie ?
– Comment est-ce que je gagne mon argent ?
– Quelles sont mes habitudes contraignantes ?
– Ai-je choisi l'environnement qui me convient ?
– Comment mes amis me ressentent-ils ?
– Suis-je bien dans ma peau ?
– Est-ce que je m'aime ?
– Est-ce que j'aime les autres ?

– Ma santé est-elle compromise ?
– Suis-je heureux ?
– Est-ce que je rends mon entourage heureux ?

Cette liste n'est pas exhaustive, vous pouvez la compléter en fonction de vos propres objectifs et/ou préoccupations sans perdre de vue que dans la vie tout est opposé, complémentaire et nécessaire selon le principe de la philosophie Zen.

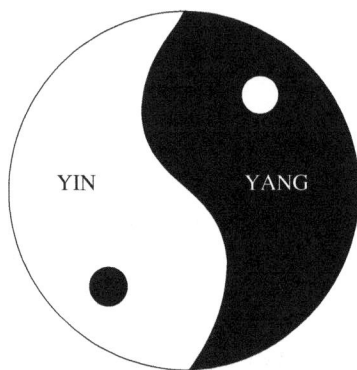

4

Comment répondre aux questions posées

- Situation
- Technique de l'écho et reformulation
- Un corollaire : l'écoute
- Exercices d'entraînement

> « Vial, je n'aime pas beaucoup ta manière
> de répondre toujours à une question par une question »
> **Colette**
> *Naissance du jour*

1. Situation

Quelle que soit la situation de négociation, on vous posera des questions. A certaines, faciles, directes, vous pourrez répondre immédiatement. Pour d'autres plus délicates, plus difficiles, vous aurez besoin d'un temps plus ou moins long de réflexion. Enfin, à quelques-unes, franchement embarrassantes, vous n'aurez pas envie de répondre. Il vous faudra donc, soit éluder, soit différer.

En effet, on peut considérer que l'interlocuteur nous pose deux types de questions parfois difficiles à distinguer :
– celles qui ont pour objectif logique et légitime de s'informer,
– celles qui ont pour but non avoué de vous embarrasser.

NE SAUTEZ PAS À PIEDS JOINTS SUR LE SUJET

Quel que soit le cas :
– ne répondez pas trop vite à la question posée (vous pourriez donner l'impression à votre interlocuteur qu'il aurait dû connaître la réponse) ;
– assurez-vous que votre réponse est en concordance avec la demande ;
– n'hésitez pas à demander des précisions, des exemples, en cas de mauvaise compréhension de votre part ;
– répondez le plus brièvement et le plus concrètement possible ;
– si vous ne savez que répondre ou si vous ne le désirez pas, dites-le franchement ;

– à des questions hors du sujet ou de vos compétences, dites-le simplement, avec tact ;

– si vous désirez différer la réponse, pour réfléchir, ou recher-cher des éléments proposez-le et notez-le afin de ne pas oublier d'en reparler. De plus, cela rassure ;

– à des questions « à tiroirs » (question qui en comporte plu-sieurs), faites-le remarquer et choisissez de répondre à celle qui vous agrée le mieux ;

– enfin, ne sous-estimez jamais une question, elle peut receler un besoin, une insatisfaction non exprimés.

EN TOUTE OCCASION, GARDEZ VOTRE CALME, VOTRE SANG-FROID

Oui, gardez votre calme, votre maîtrise, votre sang-froid, surtout dans le cas de questions embarrassantes. Or, dans le cadre d'un entretien, d'une réunion, d'une négociation, d'une animation ou d'une interview, combien de fois sommes-nous confrontés à des questions embarrassantes, volontaires ou non ?

Mais pourquoi sont-elles embarrassantes ? Pour différentes raisons possibles :

– parce que nous ignorons la réponse ;

– parce que nous ne possédons pas tous les éléments ;

– parce que nous sommes mal ou peu préparés ;

– parce que nous avons mal compris notre interlocuteur ;

– parce que nous ne l'avions pas écouté… ;

– parce que nous avons été dérangé ;

– parce qu'impromptue ou déroutante ;

– parce que assimilée à une objection ;

– parce que, parce que…

Alors que faisons-nous dans ces cas ?

À moins d'être doué d'un esprit de répartie sans faille, nous avons tendance à :
- sauter à pieds joints sur la réponse, sans réfléchir ;
- nous répondons à côté du sujet ;
- nous répondons négativement ;
- nous objectons ;
- nous discutons ;
- nous argumentons ;
- nous bredouillons ;
- nous contrarions…
- ou, suprême affront, nous coupons la parole à notre interlocuteur, parce que :
- nous croyons l'avoir compris ;
- nous voulons montrer que… nous savons ;
- ou nous suivons tout simplement notre idée, en oubliant… la sienne !

Ainsi que l'écrivait Jules Renard :

« La conversation est un jeu de sécateur où chacun taille la voix du voisin aussitôt qu'elle pousse. »

Alors que nous manque-t-il pour emprunter la bonne voie ?

Il nous manque encore et toujours : le temps.
- le temps de réflexion nécessaire ;
- le temps de maîtriser et d'organiser nos idées.

Comment pouvons-nous prendre le temps de réfléchir sans gêner notre interlocuteur, sans qu'il ait l'impression que nous ne voulons pas répondre ?

Comment recentrer une conversation, la faire rebondir en montrant de l'intérêt au partenaire ?

Comment animer valablement des réunions, être source de créativité ?

Une technique bien rodée, bien huilée, bien assimilée existe pour répondre à ces questions : « La technique de l'écho » baptisée souvent comme l'une de ses composantes « reformulation ».

2. Technique de l'écho et reformulation

2.1. *Vers une définition*

Parmi les nombreuses définitions du mot « écho », nous trouvons dans l'*encyclopédie Le Robert* la définition suivante :

« Accueil et réaction favorable, sympathique... voire adhésion, approbation, réponse, sympathie. »

Nous voyons que, d'après cette définition, la réaction de l'écho doit toujours être positive. N'est-ce pas ce que nous recherchons ?

N'avez-vous jamais remarqué, au cours de négociations, le nombre de fois ou un vendeur se fait l'écho d'expressions négatives émises par son client, renforçant ainsi dans son subconscient l'impression défavorable.

J'insiste donc, il n'y a de véritable intérêt dans la pratique de la technique de l'écho que si elle est utilisée de manière positive.

Ainsi, cette technique évite au client de ressentir la pression des questions, une forme d'oppression, de stress. Elle permet d'induire un climat de sympathie propice à l'expression sinon aux confidences. Elle rassure et montre la congruence entre les propos des uns et des autres.

2.2. *Conditions d'utilisation*

La première condition à remplir pour utiliser cette méthode est d'écouter attentivement l'interlocuteur et de capter, saisir le mot, dans sa question, qui peut nous servir à orienter notre réponse.

Pourquoi ?

Pour incorporer ce mot ou l'idée qu'il exprime dans notre réponse. Il fera ainsi « écho » dans l'esprit de l'interlocuteur, à l'idée qu'il avait précédemment exprimée, témoignant ainsi de notre agrément, de notre intérêt et de notre écoute.

La deuxième condition est de n'utiliser systématiquement cette méthode qu'avec à-propos, avec circonspection, avec modération, dans des cas difficiles de négociation, d'intervention ou d'animation, pour, bien évidemment, éviter l'accoutumance de notre partenaire et tomber dans le travers du « tic verbal », de la manie.

Observons ce qui se passe couramment lors d'un dialogue :

Premier cas :

L'interlocuteur (A) nous pose une question. Nous (interlocuteur B), lui coupons trop souvent la parole avant qu'il n'ait fini de s'exprimer, en croyant l'avoir compris.

Comme il n'est pas satisfait de cette intervention, il pose une nouvelle question.

Ce phénomène est typiquement latin, les germaniques doivent attendre l'expression du verbe, à la fin de la phrase, pour comprendre le sens de cette phrase.

Deuxième cas :

L'interlocuteur (A) nous pose une question, nous attendons qu'il se soit totalement exprimé et lui répondons, mais peut-être trop rapidement, sans assez réfléchir, compte tenu de la difficulté de la question. Il repose une nouvelle question et nous le laissons ainsi mener le dialogue.

N'OUBLIONS PAS QUE C'EST CELUI QUI POSE LES QUESTIONS QUI MÈNE LE JEU !

Troisième cas :

L'interlocuteur (A) nous pose une question (délicate) ; nous attendons avec attention, puis lui répondons. Enfin, fort du conseil précédent, nous lui posons une question en retour ou contre-question. C'est mieux fait, mais en matière de dialectique le processus est un peu heurté, haché et peu agréable à l'oreille.

Alors que faire pour accroître l'efficacité et améliorer le climat ? Tout simplement prendre le temps de réfléchir, rester calme, souriant, détendu, positif et appliquer la technique de l'écho.

L'écho nous fait penser à la résonance des voix dans la montagne. C'est un peu cela. Si nous prenons l'image de la montagne, est-ce que les routes ou les voies ferrées qui permettent de la franchir sont en zig-zag ?

Non ! Elles sont en lacets, pour faciliter l'ascension et parvenir au but.

C'est selon cette image qu'il nous faut progresser dans la conversation ou la négociation, en arrondissant les angles et en renvoyant les échos.

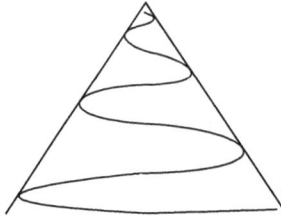

2.3.   Les différentes formes d'échos

Il existe au moins cinq grandes variétés d'échos ou de reformulations, les autres appellations n'étant que des nuances dans les effets escomptés.

En effet, la question de l'interlocuteur exprime une idée avec l'aide de mots et le but de l'écho est de reprendre tout ou partie de la question, soit avec les propres mots de la personne sans en trahir l'idée, soit avec nos propres mots afin d'affaiblir la portée de la question.

Nous ferons donc le choix parmi les échos en fonction du but que nous poursuivons, sachant que nous pouvons parfois associer plusieurs types d'échos ensemble.

Premier écho : le silence

Vous prolongez la question de votre interlocuteur par un silence réfléchi et intéressé de quelques secondes, pas un silence gêné. Vous êtes concentré, votre regard semble lui dire : « Continuez…, continuez…, cela m'intéresse. »

Vous constaterez souvent que votre interlocuteur, dans ce cas, reprend la parole et précise sa pensée, vous donnant ainsi de meilleurs éléments de réponse.

Cette technique favorise d'ailleurs la pratique des suivantes. Elle est la manifestation de votre intérêt, de votre attention, de votre recherche de compréhension, en un mot de votre écoute active et de votre empathie.

Deuxième écho : la relance

C'est parfois la phrase inachevée que l'interlocuteur est invité à reprendre ou le mot-clé exprimé par l'interlocuteur et répété sur un ton interrogatif.

C'est comme l'écho suivant, pour obtenir plus de précisions ou vérifier que l'on a bien compris.

Troisième écho : la répétition

C'est répéter, avec des mots identiques, la question exprimée, la fin de la question ou quelques mots exprimés par l'interlocuteur.

Cette redondance peut avoir une intonation interrogative, qui incite l'autre à poursuivre et à développer sa pensée. Elle peut être précédée d'une phrase du genre :

– « Si je vous ai bien compris, vous pensez que… »
– « Vous m'avez bien dit que… »
– « Intéressant dites-vous… pourquoi ? »

Ainsi que le dit René Moulinier dans *Les Techniques de la vente* (Éditions d'Organisation)…« le ton très naturel et une parfaite fluidité dans le déroulement du dialogue… accompagnent et stimulent la pensée de l'interlocuteur. »

Quatrième écho : la reformulation

La reformulation ou *feed-back* a souvent donné son nom à la technique. Je préfère l'indiquer comme une composante, à objectifs variés, qui diffère de la répétition par le fait que l'on reformule l'idée principale de l'interlocuteur avec nos propres mots, en nuançant, en resituant, ce qui permet d'atténuer la portée de la phrase originale énoncée parfois de manière trop catégorique.

La reformulation, en filtrant les réponses, marque la volonté de construire et consolider la négociation, une volonté de méthode congruente et modératrice.

On distingue communément la reformulation-résumé, la reformulation-recentrage, les reformulations-déductives et inductives, la reformulation-interprétative, la reformulation-clarification et la reformulation-transformation.

La reformulation-résumé :

Elle permet, comme son nom l'indique, de résumer, de rassembler, de condenser l'essentiel des points principaux abordés au cours ou depuis le début d'un entretien ou d'une réunion, de manière concrète, concise et objective.

En effet, il est nécessaire de faire de temps en temps un bilan partiel ou complet, accepté réciproquement, des éléments d'accord ou de divergence, surtout lorsque le face-à-face se prolonge.

Cette reformulation permet de revenir sur une idée précédemment énoncée, de rendre plus claire une intervention longue, de mettre en valeur certains éléments rejetés ou oubliés, de confirmer la mise en commun des informations, de montrer la qualité de notre écoute.

Elle s'exprime selon ces quelques exemples :
– « Pour résumer ce que nous venons de voir ensemble… »
– « Pour revenir sur ce que vous avez dit tout à l'heure… »
– « Si je vous comprends bien, vous voulez dire que… »
– « Pour reprendre vos propres paroles… »

La reformulation-recentrage :

Variante de la reformulation-résumé, la reformulation-recentrage a pour but, comme son nom l'indique, de recentrer la discussion, la négociation, vers le sujet principal, l'objet de l'entretien ou de la réunion ou tout simplement vers un point de vue considéré quelques instants plus tôt, comme essentiel.

Elle évite ainsi les digressions sans intérêt dans lesquelles s'égarent nombre de personnes et permet par une synthèse rapide, de manière ferme, mais souple et courtoise, de remettre l'entretien sur le bon chemin.

Elle s'exprime à peu près comme ceci :
- « Pour revenir au but de notre entretien... »
- « Si vous le permettez, j'aimerais revenir sur un point essentiel... »
- « Afin de ne pas nous écarter de notre sujet, j'aimerais que vous me précisiez... »
- « Si nous revenons en arrière, vous disiez que ... »

Les reformulations-déductives et inductives :

Lorsque l'interlocuteur n'exprime pas totalement sa pensée, son opinion, nous pouvons l'inciter à les expliquer, l'orienter, voire l'influencer en donnant nous-même une suite logique à son expression.

Si de sa pensée (cause), nous déduisons une conséquence logique et l'exprimons, c'est une reformulation-déductive. Dans le cas contraire, si nous partons d'une conséquence pour exprimer la ou les causes, nous employons une reformulation-inductive.

En fait, nous supposons que notre logique rejoint la sienne pour influer sur son raisonnement.

Exemples :
- « Vous me dites que votre chiffre d'affaires baisse, dois-je conclure que vous ne pouvez pas répondre à toutes les demandes... ? »
- « Vous me dites avoir réduit votre stock, vous êtes sûrement conscient des ventes que vous allez perdre ?... »

La reformulation-interprétative :

Comme son nom l'indique, nous interprétons ce que l'interlocuteur vient de nous dire, nous reformulons sa pensée avec nos propres mots en changeant le sens de ses propos ou en les modifiant pour les rendre plus faciles à répondre.

Souvent, cette manière de faire permet une mise au point, un rectificatif, une réorientation, ou la complicité d'un accord tacite.

La reformulation-clarification :

Nous savons qu'il y a, en communication, une grande différence entre ce que nous pensons, voulons dire et exprimons. Et par conséquence entre ce que l'interlocuteur entend, interprète et comprend. Cette reformulation a pur but d'aider notre interlocuteur à « clarifier ses idées », à mieux comprendre donc, à mieux se faire comprendre lui-même par l'emploi d'un langage simple et familier.

C'est souvent le cas, lorsqu'il y a différence de niveau notoire entre les deux interlocuteurs, entre professeur et élève, entre spécialiste et néophyte, entre fournisseur et client.

Il y a alors nécessité de fuir le « jargon » souvent technique, de le reformuler dans un langage compréhensible et sans équivoque.

La reformulation-transformation ou « déformulation » :

C'est plus par souci de vous donner un champ le plus exhaustif possible des modes de reformulation que par intérêt véritable, que j'indique ce type de reformulation.

En effet, son utilisation, à mon avis, requiert d'une part beaucoup d'habileté pour être admise sans réaction de rejet de la part de l'interlocuteur, d'autre part un certain machiavélisme, un esprit retors, puisque son but est de trahir la pensée de l'autre, soit pour le mettre en difficulté, soit pour l'ignorer, soit pour l'entraîner à renier ses idées.

Cette technique est privilégiée par certains hommes politiques et usitée lors d'interviews ou de débats contradictoires. Les observer, les écouter, à la télévision, par exemple (sans idée politique préconçue), peut être très instructif en tant que gymnastique mentale.

Cependant, je ne la conseille pas lors d'entretiens d'affaires, même pour répondre aux objections. La vente doit être basée sur une confiance réciproque.

Cinquième écho : la valorisation

Ce procédé est très utilisé par tous les dialecticiens (hommes politiques, animateurs, éducateurs, etc.). C'est une mise en valeur des propos, de l'idée de l'interlocuteur ou son soulignement par des expressions (admiratives, comparatives, positives, amicales, sincères, etc.) qui montrent notre adhésion et l'importance que nous lui accordons. Ce peut être également une forme de remerciement incitatif à la participation.

Quelques exemples :
– « Oui, c'est une question importante… »
– « Votre demande est particulièrement intéressante… »
– « Votre remarque est très judicieuse… »
– « Je vous remercie de poser cette question… »
– « Cette observation m'a été faite hier par… (personnage connu) »
– « Vous me posez là une question délicate, … difficile à résoudre, … embarrassante, … etc. »

2.4. Comment procéder ?

Comment prendre le temps de réfléchir ? Comment utiliser ces différents « échos » ? Ces sortes de « relais » qui permettent la liaison entre une question et sa réponse. Cette « quittance » qui accuse réception de la pensée de l'interlocuteur, montre tout l'intérêt que nous lui portons et la qualité de notre écoute.

Le processus peut se traduire graphiquement de la manière suivante :

Question (A)… Écho (B)… Réponse (B)…

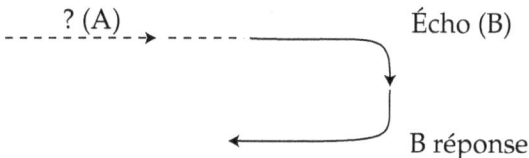

? (A)   Écho (B)

               B réponse

Mais l'intérêt de cette technique, c'est aussi de pouvoir reprendre la direction de la négociation ou du débat et quel autre moyen efficace avons-nous que celui de poser une contre-question ?

Le processus complet devient alors :

Question (A)... Écho (B)... Réponse (B)... Contre-question (B)...
Écho (a) ou Réponse directe (A)...

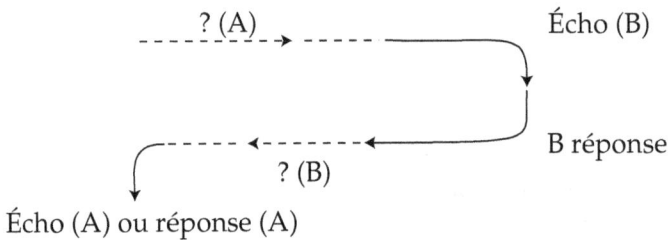

```
      ? (A)                              Écho (B)

                                         B réponse
              ? (B)

  Écho (A) ou réponse (A)
```

Cette manière de faire offre non seulement un accusé de réception positif (comme les radios amateurs qui disent : « Je vous reçois cinq sur cinq »), mais c'est la seule qui permette une esquive aux questions posées.

En effet, sans écho, si nous changeons de sujet sans répondre, l'interlocuteur se sentira frustré et interviendra abruptement ou sinon, n'en pensera pas moins, il conservera au fond de son cœur une hostilité latente, il restera sur sa faim.

Par contre, notre écho lui indiquera que nous l'avons perçu et compris et que dans certains cas, nous différons la réponse pour lui répondre plus précisément. Il accepte alors la déviation et souvent ne revient même pas sur le sujet.

C'est la seule méthode, en rhétorique, qui offre la possibilité de différer une réponse, car elle donne « quitus » à l'autre de son idée, avant d'orienter sur la nôtre.

Ce n'est pas, bien sûr, du jour au lendemain que cette pratique devient courante et familière, elle peut choquer notre logique. Il faut s'entraîner, « tourner sept fois la langue dans notre bouche » avant de répondre, comme le recommande le vieux dicton populaire. N'oublions pas que la réussite dans l'emploi de cette technique dépend en grande partie de notre attitude empathique, de notre faculté d'écoute active, de notre faculté à éviter les formulations stéréotypées.

> « Celui qui est capable d'écouter, est capable de parler. »
> **Ptah-Hotep**
> *3000 av. J.-C.*

3. Un corollaire : l'écoute

Poser des questions n'est qu'une partie de l'art de la communication, savoir écouter les réponses est tout aussi important, sinon plus important encore, car la véritable écoute est très difficile.

Car ainsi que le dit Lionel Bellanger[1], « Il n'y a rien de mécanique en elle. Elle exige la prise en compte de tous les moyens expressifs de l'interlocuteur, y compris ce qui n'est pas dit. »

Les questions sont par conséquent bien inutiles, si habiles soient-elles, si elles ne sont pas suivies d'une attention particulière, attention auditive sachant qu'il y a une grande différence entre « entendre » et « écouter », attention visuelle car le non-dit, les gestes et les mimiques en disent souvent plus long que les paroles.

Je ne trahirai pas une des pensées de Madame de Sévigné en écrivant que : « L'homme a deux oreilles, deux yeux et une seule bouche, pour écouter quatre fois plus qu'il ne parle. »

L'erreur commune est de vouloir trop parler, exprimer son point de vue, si bien que nous sommes concentrés sur l'idée que nous voulons émettre et non sur ce que dit notre partenaire. C'est une forme de distraction très préjudiciable en communication. C'est

---

1. voir bibliographie.

pourquoi je vous propose, d'une part quelques conseils pour mieux écouter, d'autre part quelques exercices pour vous entraîner à l'écoute.

3.1. Quelques conseils... pour mieux écouter

Il est important, pour bien écouter, de ne plus penser à ses problèmes, buts ou intentions personnels, mais d'être disponible et attentif envers l'autre. Comme le disait Napoléon 1er : « Être là à cent pour cent. » C'est pratiquer l'empathie.

Si vous avez la volonté affirmée d'améliorer votre écoute, veillez à respecter les 15 principes suivants dont la plupart sont recommandés par des spécialistes tels que Lionel Bellanger et René Moulinier et que vous retrouverez développés dans mon précédent ouvrage *L'Alchimie de la vente* :

1. Réunir les conditions d'une bonne écoute : se préparer consciencieusement ;
2. Éviter de faire ou de penser à autre chose : se concentrer sur le sujet ;
3. Déterminer le but de l'écoute : être motivé ;
4. Montrer un vif intérêt pour l'autre, faire preuve d'empathie ;
5. Avoir de la considération pour celui qui parle, cela crée un climat de confiance ;
6. Écouter avec ses oreilles, ses yeux, son cerveau, observer le non-verbal ;
7. Ne pas essayer d'interpréter au fur et à mesure, même si vous croyez avoir compris, continuez d'être attentif ;
8. Avoir une attitude mentale positive et rechercher les convergences (mots et phrases positives) ;
9. Adopter une attitude objective et constructive ;
10. Avoir une écoute active : essayer de comprendre, d'analyser ;

11. Écouter la dernière phrase, voire le dernier mot, souvent ceux-ci résument l'attente de l'interlocuteur ;
12. Vérifier la bonne compréhension de l'autre ;
13. Résumer systématiquement (prise de notes et résumé mental) ;
14. Laisser parler, ne pas interrompre, se taire : être discipliné et s'imposer le silence (le silence est d'or !) ;
15. Respecter les silences de l'autre, c'est le besoin pour chacun de faire le point.

> **« LE SILENCE EST L'AVEU DE L'IMPUISSANCE QUAND IL EST NÉCESSAIRE DE PARLER, IL EST PRÉPONDÉRANT QUAND IL REMPLACE LA PAROLE ».**

3.2. L'écoute active

L'écoute active est une méthode particulièrement adaptée aux gens en proie à une grande affectivité (client furieux, triste, mécontent, frustré, stressé, etc.), car elle permet de les soulager. Comment ? Parce qu'ils découvrent la communication authentique, la compréhension de leurs sentiments par un tiers.

Ce concept d'écoute active a été étudié par Carl Rogers (*Le développement de la personne*, Dunod), puis reprise et érigée en méthode par le Docteur Thomas Gordon (*Cadres et dirigeants efficaces*, Belfond, 1980).

L'écoute active, c'est « écouter » attentivement la totalité du message adressé par l'émetteur et lui « renvoyer » ce que l'on pense avoir reçu (exprimé ou sous-entendu, verbal ou non verbal).

Un grand principe pour l'écoute active :

Être conscient de l'autre, et pour cela...

1. *Bien observer* : être attentif à tout ce que le client exprime verbalement (ton de la voix), gestuellement (attitudes, gestes, poses, mimiques, visage, regard, expressions).

2. *S'interroger sans cesse* : se poser à soi-même les cinq questions suivantes pour découvrir la véritable signification de ce que l'interlocuteur a voulu exprimer :
   - que dit-il exactement ?
   - que voulait-il me dire ?
   - quelle en est l'importance ?
   - que ressent-il réellement ?
   - où veut-il en venir ?

3. *Faire préciser les faits* : de plus en plus profondément, par des expressions d'écoute active, telles que :
   - « Je crois comprendre que vous voulez dire que… »
   - « Vous semblez vouloir me dire… »
   - « Comme vous le dites, il semblerait que… »
   - « Peut-être fais-je erreur, mais vous semblez… »
   - « J'ai l'impression que vous voulez dire… »
   - « Si je vous ai bien compris, vous voulez dire que… »
   etc.

L'écoute active n'est pas innée pour tout le monde et demande de la pratique. Sur ce plan, quelques précautions sont à prendre :

Il faut éviter de :
- contredire, donner des conseils, faire la leçon, prêcher,
- détourner la conversation, changer de thème, d'idée,
- ne penser qu'à ce que l'on va dire.

Il est nécessaire :
- d'interroger, d'observer, de résumer, de récapituler,
- de se concentrer au maximum sur le message,

puisque le but de l'écoute active est de rendre plus clair ce que l'émetteur essaye de communiquer.

L'un des gros avantages de l'écoute active est de réduire les désaccords et les malentendus, de résorber les « conflits », en évitant les attitudes d'opposition ou de réprobation.

Le schéma de la page suivante résume la logique du processus d'écoute active qui peut être suivie pour s'améliorer (cf. L'*Alchimie de la vente*, Les Éditions d'Organisation, 2003, p. 231, du même auteur).

> « Le commencement de la sagesse est de se taire ;
> le second stade est d'écouter ».
> **Les sept Sages d'Israël**

> « Si vous ne trouvez pas quelqu'un sympathique,
> essayez donc de voir si vous n'en êtes pas la cause »
> **Pape Jean-Paul II**

3.3. L'empathie

Je ne voudrais pas quitter le thème de l'écoute sans aborder une explication du phénomène d'empathie.

Ce concept a été analysé et défini par Carl Rogers (voir bibliographie) pour la psychothérapie non directive et il est bien évident que tel Monsieur Jourdain qui faisait de la prose sans le savoir, nous pratiquons tous, plus ou moins, l'empathie sans le savoir.

L'empathie n'est pas synonyme de sympathie qui en latin signifie « partage des sentiments », en grec « participation à la souffrance d'autrui » et en français (entre autres définitions), « sentiment spontané d'attraction envers quelqu'un ».

Vous connaissez également le mot antipathique qui est le « sentiment d'aversion envers quelqu'un ».

ÉCOUTE ACTIVE (E.A.)

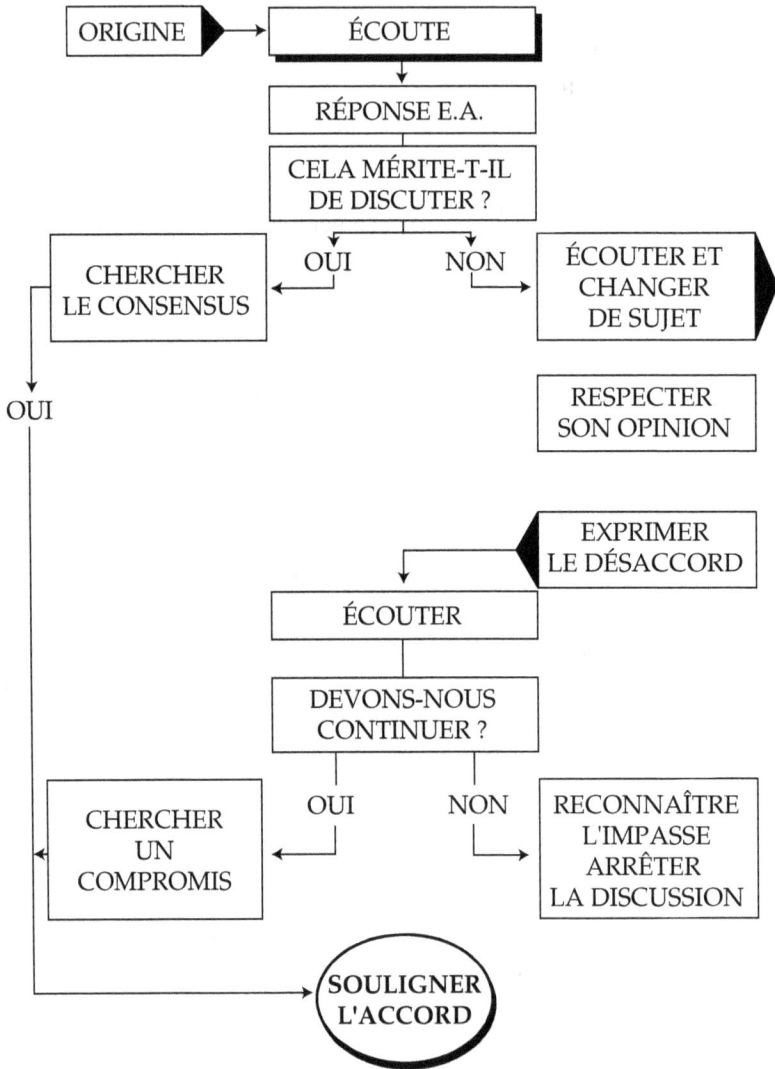

```
ORIGINE  ▶         ÉCOUTE

                RÉPONSE E.A.

              CELA MÉRITE-T-IL
               DE DISCUTER ?

                 OUI    NON      ÉCOUTER ET
   CHERCHER                       CHANGER
  LE CONSENSUS                    DE SUJET

                                 RESPECTER
   OUI                          SON OPINION

                                 EXPRIMER
                                LE DÉSACCORD  ◀

                   ÉCOUTER

                DEVONS-NOUS
                 CONTINUER ?

                 OUI    NON     RECONNAÎTRE
   CHERCHER                       L'IMPASSE
      UN                          ARRÊTER
   COMPROMIS                    LA DISCUSSION

                 SOULIGNER
                 L'ACCORD
```

Ces deux mots, sympathie et antipathie sont des phénomènes humains instinctifs mais inductifs, c'est-à-dire qu'on ne les domine pas mais qu'ils provoquent (induisent) chez l'interlocuteur des réactions ou attitudes similaires. Une attitude positive a tendance à entraîner une réaction positive, une attitude négative a tendance à entraîner une réaction négative, de rejet, de répulsion, d'agressivité.

Autrement dit, la sympathie attire la sympathie et l'antipathie provoque l'antipathie.

Alors comment être sympathique aux autres ? La réponse : soyez empathique. Mais qu'est-ce que l'empathie ?

Elle se distingue de la sympathie et de l'antipathie par le fait que c'est un phénomène « volontaire ». Mais elle est également « inductive ».

Par conséquent il faut donc volontairement donner à l'autre une impression, une image, un sentiment positifs. Notre comportement et nos expressions verbales et gestuelles sont donc déterminants.

L'empathie peut se définir comme une identification affective à une personne ou à une chose, mais sans vouloir chercher à ressembler à l'autre. C'est, tout en restant soi-même, entrer dans son univers intime et lui refléter cette perception.

On distingue plusieurs formes d'empathie :

1. L'auto-empathie qui est l'aptitude à se voir avec les yeux d'autrui.
2. L'allo-empathie qui est l'aptitude à voir les autres avec les yeux d'autrui.
3. La conscience de la conscience d'autrui ou aptitude à regarder les autres avec leurs propres yeux.

Essayons de décrire simplement ce phénomène :

Imaginons une table, avec posés dessus, une bouteille et un verre. De chaque côté de la table, deux personnages A et B. Pensez-vous qu'ils pourront décrire le verre de la même manière ? Non, bien sûr, puisque la bouteille est dans le champ de vision de l'un d'eux.

Supposons que A fasse preuve d'empathie, se déplace physiquement et vienne voir à la place de B quelle est sa vision réelle. Il s'apercevra que vu de son côté il a raison.

Automatiquement, cet effort de compréhension provoquera une réaction identique de la part de B, qui se déplacera. Ainsi, nos deux protagonistes conscients de la réalité de l'autre, seront-ils à même de décider de la position commune à prendre.

Cela s'appelle changer ses idées, ses opinions, sa position. Ou, je le rappelle, ainsi que le disait Carnegie : « Se mettre à la place de l'autre ».

Nous pouvons aussi définir l'empathie comme étant :

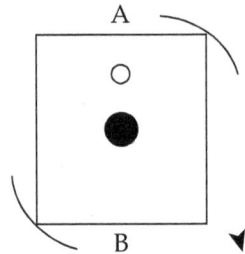

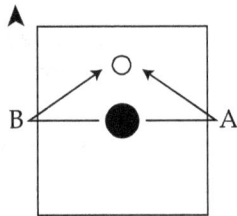

LA VOLONTÉ DE COMPRENDRE L'AUTRE DE MANIÈRE OBJECTIVE ET LUCIDE

ou :

L'APTITUDE À ÉCOUTER LES AUTRES SANS LES JUGER

– *Volonté :* nous décidons de faire un « effort de compréhension » vers l'autre.

– *Objectivité :* nous mettons provisoirement « au placard » nos préjugés, nos opinions personnelles, afin de ne pas fausser le dialogue et gêner la compréhension.

– *Lucidité :* car découvrir l'autre, ce n'est pas abandonner ses idées, ses convictions, mais les rapprocher pour cerner les points communs, les bases possibles d'un accord.

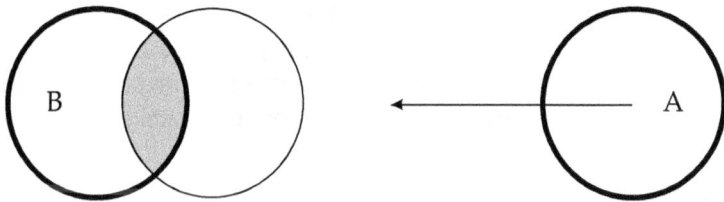

L'empathie peut s'observer et se traduire dans ses conséquences par :

– le sourire, des mots et des phrases à connotation positive,

– une attitude positive, un intérêt marqué, une écoute active,

– un désir sincère d'aboutir heureusement et équitablement,

– par l'acceptation de l'autre (idées et comportements),

– par une grande tolérance, source d'une bonne communication.

« C'est l'acceptation des différences pour s'en enrichir ».

4. Exercices d'entraînement

« Rien ne vaut la puissance de l'entraînement »
Michel Serres

4.1. Comment s'entraîner ?

L'entraînement peut se faire difficilement seul, mais plusieurs cas sont à envisager, soit on participe à un groupe et l'entraînement est volontaire et collectif, soit on participe à une réunion privée et les partenaires nous aident involontairement, comme « cobayes », soit on décide de s'entraîner seul, face à une caméra qui servira de juge de paix.

Dans tous les cas, un entraînement nécessite de la volonté, de l'humilité et de la constance. Repensez de temps en temps à Benjamin Franklin qui élimina ses défauts avec persévérance, un par semaine pendant treize semaines.

Voici quelques exercices possibles :

4.2. S'entraîner à la technique des questions

4.2.1. L'exposé interrogatif ou harangue

Cet exercice consiste à faire préparer à un groupe de participants, en quelques minutes, un exposé à thème libre, composé exclusivement de questions, d'une durée d'une minute, dans le but de persuader les autres d'une conviction personnelle, de les pousser à l'action. Les questions peuvent être directes ou suggestives. En une minute, une douzaine de bonnes questions progressives suffisent.

On procède ensuite à un vote de préférence pour désigner le meilleur, chacun devant expliquer les raisons de son choix.

Cet exercice peut être réalisé filmé ou non. D'ailleurs avec une vidéo, il peut être tenté en individuel dans le but d'une auto-amélioration.

Exemple d'exposé :
– Connaissez-vous la valeur du panier de la ménagère ?
– Ce panier est prévu pour nourrir combien de personnes ?
– Pendant combien de temps ?
– Savez-vous de combien dispose une famille malgache ?
– Savez-vous que 15 euros lui permettent de vivre un mois ?
– Combien de temps lui permettrait de tenir un panier ?
– Seriez-vous prêt à sacrifier l'un des vôtres,
– Prêt à convaincre quelques amis ?
– Imaginez-vous que grâce à 6 amis, cette famille pourrait vivre un an ?
– Cette action, vous paraît-elle impossible ?
– Alors ! quand nous rejoignez-vous ?
– Demain, ou tout de suite ?

4.2.2. L'interview

Cet exercice de groupe a pour but de développer la reconnaissance des différents types de questions et la capacité à questionner. Il peut être enregistré et analysé en vidéo.

Déroulement :
1. Choisir avec le groupe un thème de réflexion, sujet d'actualité ou objet du séminaire, par exemple.
2. Diviser le groupe en 2 équipes, chacune des équipes désignant elle-même son rapporteur.
3. Chaque équipe doit établir une liste de 20 questions à poser en fonction du sujet choisi.
4. Chaque rapporteur pose, à tour de rôle, ses 20 questions à l'autre équipe, qui y répond. Le rapporteur peut rebondir sur une réponse par une question relais pour faire préciser.

5. Visionnement du film et analyse de la nature des questions posées, du plan de questionnement et des réponses apportées.

4.2.3. Stratégie de questionnement

Le but de cet exercice de groupe, est d'ordonner les questions selon une progression logique en fonction d'un objectif précis.

Déroulement :

1. Un volontaire accepte d'être questionné par le groupe sur un sujet donné, par exemple sur son logement actuel ou préféré, sur sa voiture, sur son activité professionnelle, sur son violon d'Ingres, etc.
2. Le groupe élabore une stratégie de questionnement pour connaître de la manière la plus complète possible le volontaire sur le sujet choisi et désigne un rapporteur.
3. Le rapporteur du groupe interroge le volontaire suivant le plan prévu (séquence filmée).
4. Visionnement de l'interview et analyse de la stratégie :
    - l'objectif de découverte est-il atteint ?
    - comment étaient ordonnées les questions ?
    - la progression était-elle logique ?
    - les questions étaient-elles pertinentes ?
    - quels types de questions étaient posées ?

4.2.4. Jeu de rôles

Pour entraîner une équipe de vente sur ses propres produits ou services avec documentation, échantillons et catalogues usuels, on peut recourir au jeu de rôles vidéoscopé suivant :

Déroulement :

1. Choisir avec les participants une situation de négociation qui leur est familière.
2. Diviser le groupe en deux équipes homogènes qui, chacune, élabore une stratégie de questionnement en fonction de la

situation retenue, une équipe prenant la fonction de vente et l'autre d'achat.

3. Chaque équipe choisit son « champion » pour la représenter et se met d'accord (séparément) sur son profil, ses motivations et son comportement.

4. Chacune des équipes observera, pendant le déroulement du jeu de rôles, le bon respect de la stratégie choisie et notera toutes les questions posées.

5. Analyse du jeu de rôles préalable au visionnement :
   – par les protagonistes,
   – par le groupe.

6. Visionnement du film pour confirmer l'analyse de la stratégie, de la formulation et des attitudes.

4.2.5. L'enquête

Exercice de groupe, qui permet de travailler du « quoi » (ce que l'on veut dire) au « comment » le dire ou l'atteindre en prenant conscience de l'importance de la formulation des questions.

Déroulement :

1. Choisir le sujet objet de l'enquête (produit, concurrence, marché, question d'actualité, etc.).

2. Recensement des points susceptibles de donner lieu à interrogation (brainstorming).

3. Regroupement des points en grandes familles selon les critères d'opportunité en réponse aux objectifs poursuivis par l'enquête.

4. Rédaction individuelle ou par équipes d'un questionnaire tenant compte d'un certain nombre de principes :
   – s'exprimer clairement et brièvement,
   – ne pas induire de réponse,
   – ne pas choquer l'interviewé et favoriser la réponse,
   – envisager les réponses possibles pour ordonner les questions dans un ordre logique.

5. Chaque équipe peut tester son questionnaire sur les autres pour obtenir les réactions et conduire à l'élaboration d'un questionnaire commun.

4.3. S'entraîner à la technique de l'écoute

4.3.1. La présentation réciproque

Au début d'un séminaire, la coutume veut que chacun se présente rapidement, chaque animateur ayant sa méthode ou ses habitudes,

Pour ma part, je propose de mettre les participants par couples. À l'intérieur de chaque couple, l'un des partenaires interroge l'autre et réciproquement, afin de le découvrir et le connaître.

Ensuite chacun est chargé de présenter son partenaire de la manière la plus positive et complète possible, en une minute.

4.3.2. Exercice du face-à-face

Un bon exercice d'entraînement à l'écoute, consiste à mettre deux partenaires assis l'un en face de l'autre, sans table, dans une position physique et mentale d'écoute attentive.

Dans un premier tour, l'un d'entre eux est le questionneur, son rôle consiste à ne poser que des questions en fonction d'un questionnaire préétabli, sans formuler de commentaires ou d'impressions, afin d'extraire au maximum la pensée de l'autre. Ce dernier ne pose aucune question mais doit essayer de répondre spontanément et sincèrement aux questions.

Dans un deuxième tour, on inverse les rôles. La difficulté est alors de faire fi des réponses précédentes pour donner son véritable sentiment. On peut compléter l'exercice par un compte rendu verbal de chaque participant sur sa perception de l'autre.

Le contrôle peut être obtenu, soit par un observateur (tierce personne participante ou animateur), soit par un enregistrement

© Éditions d'Organisation

vidéo. On peut ainsi souligner l'attitude corporelle et gestuelle, le respect des règles de non-interruption et de questionnement et la qualité de l'écoute par la mémorisation.

Exemple de questionnement :
– Qu'est-ce qui vous a amené à participer à ce séminaire ?
– Pourquoi ?
– Que connaissiez-vous déjà ?
– Comment ?
– Qu'est-ce que vous en avez retiré ?
– Plus concrètement ?
– Pourquoi ?
– Qu'avez-vous pu mettre en pratique ?
– Dans quelles circonstances ?
– Que comptez-vous appliquer dès demain ?
– Plus précisément ?
– Seriez-vous prêt à recommencer ?
– Pourquoi ?
– Quel a été le point le plus important pour vous ?
– Pourquoi ?
– Si vous deviez exprimer votre impression par un mot, lequel ?
– Pourquoi ?

4.3.3. La soirée amicale

Il ne paraît pas facile de s'entraîner seul à l'écoute et pourtant, vous pouvez faire cet essai lors d'une invitation chez des amis, surtout la première fois.

Vous décidez mentalement de ne jamais parler de vous (qu'au minimum) et de vous intéresser à vos hôtes ou autres invités. Vous ne poserez donc que des questions orientées vers votre vis-à-vis et tenterez de tout savoir sur lui par une écoute très attentive. Le résultat est surprenant.

Voici ce qui m'est arrivé avec cet exercice, lors d'une première invitation. Mon épouse, à la sortie, a cru que j'étais malade pour n'avoir rien dit ou presque. Le lendemain, téléphonant pour remercier et… m'excuser, elle eut la surprise d'entendre son amie dire à mon sujet : « … Quel homme charmant et… passionnant ! »

La Bruyère écrivait à ce sujet : « Les hommes sont trop occupés d'eux-mêmes pour avoir le loisir de pénétrer ou de discerner les autres … »

4.3.4. Exercice de mémorisation

En entraînement de groupe, chacun choisit un sujet libre sans le dire aux autres et l'exprime en deux minutes (filmé ou non).

En dehors de l'exercice d'expression que cela permet d'analyser, chacun doit :

– 1°. donner la liste des sujets dans l'ordre de passage des participants ;
– 2°. résumer l'un des sujets exprimés, au hasard (tirage au sort).

La difficulté de cet exercice réside dans le fait que l'écoute totale des autres est perturbée par le stress d'attente de son propre passage et d'une éventuelle révision mentale de son sujet.

4.3.5. Test d'écoute et de logique

Qui ne s'est amusé à faire passer ce test à des amis ou à des collègues ? S'entraîner de manière ludique peut être très profitable. À partir de la liste suivante, vous posez oralement chacun des « mini-problèmes » à un ami. Vous pourrez ainsi déterminer sa capacité d'écoute et son esprit logique.

1. Que faut-il pour ouvrir une porte ?
2. En Angleterre, le 14 juillet existe-t-il ?
3. Divisez 30 par 1/2 et ajoutez 10. Combien cela fait-il ?
4. On vous donne 3 cachets à prendre à raison d'un toutes les demi-heures, combien de temps cela durera-t-il ?

5. Vous mettez votre réveil à sonner à 9 heures du matin, vous vous couchez à 8 heures. Combien de temps dormez-vous ?

6. Quelle est la couleur du cheval blanc d'Henri IV ?

7. Combien d'animaux de chaque espèce Moïse a-t-il emmenés sur son arche ?

8. Pourquoi Napoléon portait-il des bretelles vertes ?

9. Vous entrez dans une pièce une allumette à la main. Il fait nuit dans la pièce. Il n'y a pas d'électricité mais une bougie, une cuisinière, une lampe à pétrole. Qu'allumez-vous en premier ?

10. En Arabie, est-il possible qu'un homme épouse la sœur de sa veuve ?

11. Combien y a-t-il de mois ayant 28 jours ou plus, sachant que certains en ont 30 ou 31 ?

12. Que s'est-il passé le 25 décembre 1945 ?

13. Un fermier a 17 vaches. Elles meurent toutes sauf 9. Combien en reste-t-il ?

14. Pourquoi met-on des chevaux noirs devant un corbillard ?

15. Un archéologue prétend avoir trouvé une pièce en or datée « 45 avant J.-C. ». Est-ce possible ?

16. Un gardien de nuit meurt le jour. Touche-t-il une pension ?

17. 10 oiseaux sont sur un mur. Un chasseur tire, en tue 2. Combien en reste-t-il ?

18. Un avion belge avec 10 Anglais et 10 Suisses s'écrase sur la frontière franco-suisse. Où enterre-t-on les rescapés ?

19. Le canard du fermier voisin vient pondre un œuf chez vous. À qui appartient l'œuf ?

20. Un explorateur se trouve nez à nez avec un ours. Il fait demi-tour, court pendant 10 minutes, tourne derrière un rocher, court à nouveau pendant 10 minutes, tourne derrière le rocher, court encore pendant 10 minutes et tourne derrière le rocher et oh surprise ! se trouve nez à nez avec l'ours ! Quelle est la couleur de l'ours ?

Réponses : 1. Qu'elle soit ouverte – 2. Oui, c'est une date – 3. 70 –
4. 1 heure – 5. 1 heure – 6. La couleur est « blanc » – 7. L'arche de
Moïse n'existe pas – 8. Pour tenir son pantalon – 9. L'allumette –
10. Non, puisqu'il est mort – 11. 12 mois – 12. C'était Noël –
13. Neuf – 14. Pour le tirer – 15. J.-C. n'existait pas à cette date –
16. Non, puisqu'il est mort – 17. Aucun, ils se sont envolés –
18. Les rescapés ne sont pas morts – 19. Un canard ne pond pas –
20. Blanc, c'est un ours polaire. Ce phénomène ne peut se passer
qu'au pôle Nord ou au pôle Sud.

4.4. Entraînement simultané

4.4.1. Jeu de rôles

Cet exercice a pour but de développer la qualité d'écoute, l'esprit
de synthèse, l'esprit d'analyse (pouvoir distinguer entre faits et
opinions) et prendre conscience de l'importance de la formulation des questions. Il peut éventuellement être magnétoscopé.

Déroulement :

1. Choisir avec le groupe un sujet de débat précis (publicité,
   télévision, mode, éducation, etc.).
2. Choisir quatre participants et distribuer les rôles : A s'entre-
   tiendra avec B et C, devant le groupe sur le sujet choisi. D
   sera l'observateur muet de la scène dont il rendra compte au
   groupe qui complétera éventuellement.
3. Donner les contraintes : questions fermées pendant 3 minutes, questions ouvertes ensuite, centrer sur les faits d'abord
   puis s'appuyer sur les opinions.
4. A présentera une synthèse des positions respectives de B et
   C sur le sujet.
5. D rapportera au groupe ses observations.
6. Le groupe interviendra pour donner ses impressions.

Cet exercice permet également de prendre conscience de l'influence
de la formulation des questions et du phénomène d'induction.

5

Tableaux récapitulatifs

- Tableau de questionnement
- Tableau des échos
- Statistiques d'écoute
- Positionnement de la vente
- Évaluation du profil de vente
- Appréciation périodique
- Amélioration de l'influence

1. Tableau récapitulatif du questionnement

Types de questions		Avantages	Observations	Exemples
Questions d'Information	Ouverture ou circonstancielle	– ouvrir le dialogue, faire parler, – découvrir les motivations, – valoriser l'interlocuteur qui se livre, – obtenir des réponses concrètes et complètes.	– commence par des adverbes ou des pronoms interrogatifs, (Q. Q. O. Q. C. C. P., etc.), – marque de l'intérêt envers l'interlocuteur, – valable en début d'entretien et lors de la découverte.	– que pensez-vous de la publicité ? – quelle est votre opinion sur… ? – comment comptez-vous procéder ?
	Objective, précise, investigatrice, ou factuelle	– faire préciser concrètement la pensée, – approfondir un point particulier, un fait, – apporter des réponses précises.	– commence par Q. Q. O. Q. C. C. P. comme les questions ouvertes, – elle se prépare.	– quand pensez-vous le savoir ? – quels sont vos critères de choix ? – qui est responsable du projet ?
	Fermée	– amener à répondre oui ou non, – vérifier, verrouiller l'argumentation, – récapituler en vue de conclure, – introduire une autre question, – permettre de sceller l'accord.	– commence en principe par un verbe, – à éviter en début d'entretien, crée un climat négatif, – limitée à la réponse oui/non, – renseigne peu, – attention au style enquête (indiscrétion, interrogatoire), – bonne à la fin.	– avez-vous une bonne expérience de… ? – êtes-vous seul concerné par cette affaire ? – puis-je vous montrer cet exemplaire ?
	Contrôle, test, ou sondage,	– amener le client à préciser sa pensée, – contrôler les intentions, les vraies motivations, l'impact des arguments, – verrouiller l'argumentation, – relancer l'entretien, – s'assurer de la compréhension.	– jalonne l'argumentation, – induit la progression vers l'objectif.	– donc, ce qui est primordial pour vous est ?… – si j'ai bien compris, nos points d'accord sont ?… – Est-ce M. X. qui sera responsable du choix final ?

Types de questions		Avantages	Observations	Exemples
Questions d'Approfondissement	Miroir ou réfléchie	– permettre à l'interlocuteur d'approfondir son point de vue sans avoir à se justifier, – le pousser à développer son idée, – préciser la pensée, – faire apparaître les craintes.	– est adaptée à la réponse aux objections, – donne une impression d'intérêt, – nécessite une écoute active, – place en position de réserve.	– client : c'est quand même onéreux..., vendeur : qu'aviez-vous prévu ? – dois-je interpréter vos propos comme... ?
	Ricochet	– faire rebondir la conversation, – faire préciser la pensée, – progresser dans la compréhension, – développer une idée.	– est une marque d'intérêt, – est comme un filtre à café.	– Ah oui ?... – Non ?... – C'est-à-dire ? – Par exemple ? – Intéressant ? – En dehors de cela ? – Pouvez-vous préciser ?
	Relais	– permettre de mieux comprendre les attentes, – éviter de répondre soi-même à la question, – renvoyer à une tierce personne pour la faire participer, – renseigner plus largement, – non-directivité.	– est à utiliser avec modération : en animation de groupe, pour la conduite de réunion, pour la découverte et l'argumentation, – est assez proche des questions miroirs.	– vraiment ? – et vous, que préférez-vous ? – en quoi est-il différent selon vous ? – et vous qu'en pensez-vous ?
	Relance	– ramener au sujet précis de l'entretien, – recentrer, – relancer un groupe, – différer une réponse, – valoriser un participant.	– nécessite une bonne écoute, voire une prise de notes.	– vous me disiez il y a un instant que... ? – vous posiez tout à l'heure une question pertinente... pouvez-vous préciser ?
Tactique	Alternative	– orienter le choix du répondant, – guider vers une solution, – donner l'impression de choisir librement, – maîtriser la décision, – faciliter la réponse, – offrir un choix favorable.	– un refus sur l'un des termes ne ferme pas le dialogue, – la réponse est contenue implicitement dans la question, – faire attention à la manipulation, – est toujours bonne, surtout à la fin, – R.V. téléphonique.	– préférez-vous être installé au début ou à la fin de ce mois ? – prendrez-vous plutôt du thé ou du café ? – pouvons-nous nous rencontrer lundi ou préférez-vous mardi dans la journée ?

Types de questions		Avantages	Observations	Exemples
Questions Tactiques	Rhétorique	– stimuler la réflexion, – structurer les discours, les exposés, – offrir un plan.	– en animation de groupe, – implicite : n'appelle pas de réponse, – valable en argumentation.	– désirez-vous poursuivre l'étude dans ce sens, je ne le pense pas ? – quelles sont les incidences d'un tel choix ? J'en vois trois…
	Directive ou dirigée	– renseigner sur les points sensibles, – stimuler l'imagination, – projeter dans le futur et suggérer, – progresser vers l'accord.	– à utiliser avec un interlocuteur qui ne donne pas les informations de lui-même, – pour les phases de découverte et d'argumentation.	– vendeur : c'est pour offrir ? client : non, c'est pour moi… – V. : devrions-nous vendre à perte ? – C. : non, bien sûr ! – si vous deviez choisir aujourd'hui, quelle serait votre orientation ?
	Indirecte, orientée, ou suggestive	– détourner l'attention de l'objectif, – répondre aux objections, – déceler les vraies motivations.	– le client ne saisit pas toujours le sens, – à manier avec précaution, (manipulation, pression), – argumentation.	– C. : Je n'en vois pas l'intérêt. – V. : en fait, si j'ai bien compris, vous voulez connaître les + que nous pouvons vous apporter.
	Généralisée	– permettre de ne pas interroger directement ou brutalement, – permettre de répondre plus facilement, – ouvrir le dialogue, – faire agir un groupe, – donner un avis général, – mieux situer l'environnement, – ne pas parler d'emblée d'un produit spécifique.	– considérer le client comme représentatif d'un groupe professionnel, – interprétation parfois délicate, – impersonnelle et indirecte, – valable au tout début d'un entretien et en découverte.	– que pense-t-on dans votre profession de ce type de service à l'entreprise ? – que souhaite votre direction à ce sujet ? – comment est perçue la nouvelle politique sur votre région ?
	Interro-négative	– permettre de confirmer un point de vue, – à utiliser si le « non » prépare une réponse « oui » ou signifie « oui ».	– aboutit à une réponse « non », – souvent question d'intonation, – à éviter, induit un climat négatif, – réponse paresseuse.	– vous n'en voulez-pas ? – n'aimeriez-vous pas … ? – Monsieur X n'est pas là ?

© Éditions d'Organisation

Types de questions		Avantages	Observations	Exemples
Questions Tactiques	À la cantonade	– organiser, – stimuler, – progresser vers le but, – donner le sentiment d'utilité.	– en animation de groupe, – lancée au groupe, – nécessite une préparation.	– est-ce que le groupe est d'accord sur le plan proposé ? – qui veut récapituler les avantages que nous avons trouvés ?
	En retour, écho, ou boomerang	– amener le client à répondre lui-même à sa question, – déceler les vraies raisons, – rassurer le client, – rester en retrait, – renvoyer en douceur une question, – gagner du temps, – rester maître du dialogue.	– à utiliser avec précaution et parcimonie, – impression de dérobade, – éviter au début du dialogue, – découverte, argumentation, animation.	– C. : est-ce que votre option est intéressante ? V. : pourquoi me posez-vous cette question ? C. : est-ce un produit demandé dans la profession ? V. : quel est votre avis, vous qui êtes connaisseur ? C. : c'est certainement coûteux... V. : coûteux pour qui ?
	Directe	– prendre ou reprendre l'initiative, – aider à s'exprimer, – valoriser un participant, – utiliser la compétence, – réveiller.	– en animation de groupe, – s'adresser directement à un participant, – éviter d'insister.	– M. X. que pensez-vous de ce nouveau concept ? – M. Y. quels sont vos objectifs pour le mois prochain ?

2. Tableau des échos

Type d'écho	Utilité	Précaution
Le silence	Temps de réflexion, concentration, ricochet.	Trop long... gêne.
La relance	Obtenir des précisions, vérifier la compréhension.	Éviter le tic verbal.
La répétition	Réfléchir et faire préciser, montrer l'écoute.	Sur les questions délicates ou les formulations longues.
La reformulation	Consolider la négociation, atténuer l'idée originale.	Ne pas trop déformer l'idée originale.
Reformulation « résumé »	Condenser l'essentiel, rendre l'intervention plus claire, développer d'autres points.	Pas de contre-indication.
Reformulation « recentrage »	Éviter les digressions, synthétiser de manière courtoise.	La fréquence.
Reformulation déductive ou inductive	Influencer sur le raisonnement, progresser dans la découverte.	Si bien faite, est bien tolérée.
Reformulation interprétative	Faciliter la réponse, réorienter.	Ne pas déformer l'idée originale.
Reformulation « clarification »	Mieux comprendre et se faire comprendre.	Fuir le jargon.
Déformulation	Trahir la pensée.	À éviter.
Valorisation	Souligner les idées positives, marquer l'estime.	Varier les échos.

3. Statistiques d'écoute

Le Centre des Techniques Nouvelles cite les pourcentages suivants sur la capacité de l'homme à mémoriser :
Les hommes retiennent :

16 % de ce qu'ils **lisent,**

20 % de ce qu'ils **voient,**

30 % de ce qu'ils **entendent,**

58 % de ce qu'on leur **dit et montre,**

70 % de ce qu'on leur dit **et montre et à propos de quoi ils ont à répondre,**

90 % lorsqu'en plus ils doivent **mettre en pratique.**

quand on sait que l'homme apprend :

83 % grâce à la vue,

11 % grâce à l'ouïe,

3,5 % grâce à l'odorat,

1,5 % grâce au toucher,

1 % grâce au goût.

on mesure l'importance du regard dans l'écoute, de l'évocation et de l'induction dans le questionnement et on ne peut s'empêcher de rappeler la parole de Napoléon « être là à 100 % », mais aussi sa phrase célèbre : « Un petit croquis vaut mieux qu'un long discours ».

4. Positionnement de la vente

L'une des grandes difficultés pour le « vendeur » est de savoir et pouvoir se positionner chez ses prospects.

C'est-à-dire de déterminer avec précision et réalisme le potentiel et le pourcentage de chance de réalisation d'une affaire en cours.

Quelles en sont les raisons principales ?

Tout d'abord, parce que le vendeur n'est pas habitué à raisonner systématiquement en termes d'objectifs concrets.

Ensuite, parce qu'il n'analyse pas suffisamment le résultat de ses visites. De plus, il a tendance à s'illusionner sur son impact et sur ses chances de réussite. Il manque d'objectivité et surestime ses chances.

Enfin, il n'utilise pas ou n'a pas à sa disposition un tableau de bord pratique, rapide et efficace, un outil d'évaluation simple et rationnel.

L'idée n'est pas neuve en marketing d'analyser les 6 P + S (Potentiel – Produits – Promotion – Publicité – Planning – Prix – Services), mais dans la pratique, il n'est pas évident de se rappeler quel « P » et « S » est bien ou mal positionné ou défini.

C'est pourquoi je suggère l'utilisation de la grille suivante, « questionnaire de positionnement », avec pour moyen mnémonique le mot « QUALITÉS », chaque lettre différente étant affectée à l'un des critères du marketing en fonction du type d'activité. Ainsi est-il plus facile de contrôler son positionnement pour chaque poste.

La grille principale peut remplacer ou compléter la fiche-prospect habituelle, les interrogations posées obligeant à ne rien omettre dans les appréciations et à compléter d'une visite à l'autre.

L'intérêt de la grille de positionnement graphique est de pouvoir rapidement et visuellement situer les points à améliorer à la prochaine visite, de définir la stratégie pour cette visite et les objectifs à atteindre et, en finalité, de mesurer ses chances de l'emporter dès que tous les points d'appréciation dépassent la ligne « moyen ».

Enfin, la grille contact-clé permet de contrôler qui chez ce prospect est le responsable et de quoi, de constater que tel personnage (important) est cité plusieurs fois (+/-) ou non et quelle est la cote du vendeur vis-à-vis de ce contact.

QUALITES	SOCIÉTÉ	
QUOI	Besoin(s) exprimé(s) – Pulsions	accepté(s)
Produits		
UNIQUES	du/des produits et/ou de la Cie pour eux	accepté(s)
Promotion		
AGENDA	Test .... Décision .... Contrats	
	Autres priorités	
Planning		
LIQUIDITÉS	Disponible .... Possible	
	Processus	
Prix		
INTERLOCUTEURS DÉCISIONNAIRES	Technique .... Financier	
	Informel .... Suprême	
Personnalité		
TAILLE	Nombre de produits à vendre .... Chiffre d'affaires	
	Nombre de personnes	
Potentiel		
ENNEMIS	Concurrents	
Protagonistes	Internes	
SOLUTION(S)	Proposée(s)	accepté(e)(s)
Service		

DATE DÉBUT D'OPÉRATION ....

CONTACT-CLÉ	+	–

Critères	Positionnement		
QUOI			
UNIQUES			
AGENDA			
LIQUIDITÉS			
INTERLOC.			
TAILLE			
ENNEMIS			
SOLUTIONS			
	NUL MAU	PAS MOY	B T.B

NOTES :

Établir une telle grille, en fonction du nombre de prospects visités permet, au moins pour les affaires à court terme et/ou importantes, un prévisionnel plus précis, assure d'être « sur le coup » en temps opportun.

Les vendeurs qui ont la rigueur d'utiliser une telle grille de positionnement, reconnaissent avoir augmenté notablement leurs performances et leurs résultats, par un gain de temps appréciable et une meilleure efficacité.

5. Évaluation du profil de vente

Éléments d'appréciation/qualités	A	B	C	D	E	Observations
Paraît-il enthousiaste et désireux de vendre ?						
Est-il souriant, aimable et chaleureux ?						
Le visage est-il expressif, franc, le regard direct ?						
Les gestes sont-ils sobres et assurés ?						
La présentation physique et verbale est-elle correcte ?						
Pose-t-il beaucoup de questions ouvertes ?						
Écoute-t-il avec attention et intérêt ?						
Saisit-il et se sert-il des mots du client ?						
Prend-il des notes au cours de l'entretien ?						
Donne-t-il l'impression d'avoir un plan ?						
Semble-t-il préparé ?						
Le maintien est-il concentré ou fatigué ?						
L'élocution est-elle bonne ?						
Le ton est-il persuasif et convaincant ?						

Éléments d'appréciation/qualités	A	B	C	D	E	Observations
A-t-il la répartie facile et l'esprit vif ?						
Est-ce lui qui mène le dialogue ?						
Connaît-il bien ses produits ?						
Ses arguments sont-ils bien présentés ?						
Ses mots, ses phrases, sont-ils positifs ?						
Se sert-il correctement de ses dossiers ?						
Paraît-il organisé, méthodique ?						
Tient-il son fichier clients correctement à jour ?						
Répond-il aux objections avec tact ?						
Est-il ferme sur les prix ?						
Avance-t-il vers la conclusion fermement ?						
Est-ce lui qui prend congé et comment ?						
Totaux :						

6. Questionnaire d'appréciation périodique

Ce questionnaire (amendé) est orienté vers l'appréciation périodique de technico-commerciaux et je remercie la société *Fuba Communication* d'avoir bien voulu me permettre de le communiquer.

Nom : ....Secteur : ....

Responsable : ....Date : ....

Échelle des notes :   Très bien   = 5 points,   Bien   = 4 points,
                            Satisfaisant = 3 points,   Moyen = 2 points,
                            Insuffisant   = 1 point.

A. Appréciation générale :
1. Répond-il à ce qu'on attendait de lui en l'engageant ?..........
2. Comment se situe-t-il par rapport à ses collègues, quant aux commandes ?...............
3. Qu'en est-il du nombre de visites effectuées ?...............
4. Comment atteint-il ses quotas de vente ?...............
5. Quelle est sa disponibilité au niveau des horaires ?...........
6. Accroît-il le prestige de l'entreprise auprès des clients ?...............
7. Est-il qualifié pour ce poste par son expérience .... et sa formation ?
8. Quels sont ses rapports avec ses supérieurs ?...............

Nombre total de points : ....

B. Éléments personnels : comment appréciez-vous :
1. Sa santé ?...............
2. Son allure ?...............
3. Ses vêtements et sa coiffure ?...............
4. Ses dents et son haleine ?...............
5. Son sourire ?...............
6. Sa voix ?...............
7. Sa vie privée ?...............
8. Sa situation financière ?...............
9. L'appui moral au travail que lui apporte sa famille ?...........

Nombre total de points : ....

C. Connaissance du marché : connaît-il :
1. Les produits ?...............
2. Les champs d'application des produits ?...............
3. Les prix et les conditions de paiement ?...............

© Éditions d'Organisation

4. Les moyens de publicité et de promotion ? ....
5. La position de l'entreprise sur le marché ? ....
6. Les problèmes des clients ? ....
7. Le potentiel commercial des clients ? ....
8. Les personnes décidant des achats
    chez chaque client ? ....
9. Les produits de la concurrence ? ....
10. L'activité de la concurrence dans son secteur ? ....

Nombre total de points :   ....

D. Comportement : Est– il :
1. Prêt à foncer ? ....
2. Indépendant ? ....
3. Conscient de ses responsabilités ? ....
4. Sûr ? ....
5. Persévérant ? ....
6. Apte aux contacts ? ....
7. Ambitieux financièrement ? ....
8. Prudent ? ....
9. Enthousiaste ? ....
10. Capable de résister aux échecs ? ....
11. Bon camarade ? ....
12. Capable de s'adapter ? ....

Nombre total de points :   ....

E. Objectifs et politique de l'entreprise :
Montre-t-il de la compréhension pour :
1. La politique de l'entreprise ? ....
2. Les objectifs de l'entreprise ? ....
3. Le respect du budget des frais ? ....

4. La réalisation du plan de vente ? ....
5. Les lois de l'économie libre ? ....

Nombre total de points : ....

F. Planification, organisation, administration :

Comment jugez-vous son aptitude à :
1. Organiser son temps ? ....
2. Préparer ses visites ? ....
3. Préparer ses itinéraires ? ....
4. Acquérir de nouveaux clients ? ....
5. Négocier tous les détails d'une commande ? ....
6. Établir ses rapports de visite ? ....
7. Tenir son fichier clients et prospects ? ....
8. Établir un compte de frais correct ? ....
9. Respecter le programme de travail ? ....
10. Relancer les clients en temps opportun ? ....
11. Observer la concurrence ? ....
12. Soigner sa voiture et son équipement ? ....

Nombre total de points : ....

G. Présentation des produits, argumentation :

Comment jugez-vous son aptitude à :
1. Entamer l'entretien de vente ? ....
2. Maintenir l'intérêt du client en éveil ? ....
3. Présenter le produit ? ....
4. Faire participer le client à la présentation ? ....
5. Manier les échantillons, modèles, spécimens ? ....
6. Utiliser les actions commerciales et slogans ? ....
7. Citer les références ? ....

8. « Mettre en scène » sa démonstration ? ....

9. Capter l'attention du client par des croquis ? ....

10. Montrer assez tôt le bon de commande ? ....

11. Transformer les caractéristiques en avantages ? ....

12. Verrouiller ses arguments par des questions tests ? ....

Nombre total de points : ....

H. Traitement des objections :

Sait-il :

1. Écouter calmement les objections
sans interrompre ? ....

2. Donner une réponse sûre et ferme aux questions ? ....

3. Aller au-devant d'une objection et l'aborder ? ....

4. Faire la différence entre objection et prétexte ? ....

5. Donner raison puis réfuter
(méthode oui… mais) ? ....

6. Employer la méthode des analogies ? ....

7. Transformer l'objection en argument ? ....

8. Contredire gentiment les préjugés ? ....

9. Démonter point par point l'objection par des questions ?
(méthode de l'analyse) ....

10. Prier le client de faire une proposition (défense) ? ....

11. Combattre l'objection prix par l'argument qualité ? ....

12. Souligner sa réfutation des objections
par des chiffres, des images ? ....

Nombre total de points : ....

I. Technique de conclusion :

Comment jugez-vous :

1. Son aptitude à oser demander la commande ? ....
2. Sa disposition à renouveler plusieurs
   tentatives après un premier échec ?..
3. Sa capacité à apercevoir les signaux d'achat ? ....
4. Son art de récapituler les avantages
   pour collecter des oui ?..
5. Son art d'obtenir des décisions partielles ?..........................
6. Sa maîtrise gestuelle et corporelle ?..
7. Son aptitude à ne pas reculer ?..
8. Sa résistance aux remises ?..
9. Sa faculté de reconnaître le problème central
   du client et à l'utiliser ?..
10. Son talent d'opposer les « pour aux contre » ?......................
11. Son aptitude à exercer une pression sur le client
    pour le décider à conclure ? ....
12. Son habileté à se servir des objections
    pour conclure ? ....

_____

Nombre total de points : ....

J. Entretiens de relance :

Comment jugez-vous sa faculté :

1. D'offrir après l'achat, un bon service au client ?....................
2. De prendre contact avec le client pour réaliser
   des ventes complémentaires ? ....
3. De relancer les clients indécis à temps ? ....
4. De préparer soigneusement les entretiens
   de relance ? ....
5. De faire d'une relance, un véritable entretien
   de vente ? ....

6. À connaître les raisons de ses échecs ? ....

7. À demander des références actives ? ....

Nombre total de points :   ....

K. Tâches supplémentaires :

Sait-il :

1. Vendre par téléphone ? ....

2. Vendre dans les foires et expositions ? ....

3. Répondre aux réclamations ? ....

4. Rédiger et soumettre des offres écrites ? ....

5. Collaborer avec des collègues ? ....

6. Former les collaborateurs des clients ? ....

7. Traiter avec des commissions d'achat ? ....

8. Mener des négociations avec des spécialistes ? ....

Nombre total de points :   ....

Récapitulation du nombre total de points :

Catégorie	Points
A. Appréciation générale	
B. Éléments personnels	
C. Connaissance du marché	
D. Comportement	
E. Objectifs et politique de l'entreprise	
F. Planification, organisation, administration	
G. Présentation des produits, argumentation	
H. Traitement des objections	

Catégorie	Points
I. Technique de conclusion	
J. Entretiens de relance	
K. Tâches supplémentaires	
Total général :	

Améliorations à viser :

7. Amélioration de l'influence

Définitions	Valeur		Écart 2 – 3	À améliorer	Priorité	Décisions
	souhaitée 10 à 1	actuelle 10 à 1				
1	2	3	4	5	6	7
Personnalité						
Jugement						
Communication						
Imagination						

Définitions	Valeur		Écart 2 – 3	À améliorer	Priorité	Décisions
	souhaitée 10 à 1	actuelle 10 à 1				
Organisation						
Technicité						
Moyens						
Observations personnelles						

Ce tableau peut être utilisé individuellement ou en groupe, de la manière suivante :

1. Pour chacun des critères de la colonne 1, rechercher 3 mots-clés qui vous paraissent correspondre au mieux à votre interprétation de ce critère. Par exemple :
   critère JUGEMENT : Objectivité, Esprit de synthèse, Bon sens.
2. Noter les 21 mots-clés dans la colonne 2, en fonction de l'importance accordée personnellement en valeur absolue (10 au maximum, 1 au minimum), note souhaitée à atteindre.
3. Noter la valeur actuelle (colonne 3) correspondant objectivement à vos capacités.
4. Mesurer les écarts en colonne 4 et décider pour chacun des 7 critères d'un point à améliorer (plus grand écart).
5. Définir les ordres de priorité et prendre les décisions qui s'imposent.

Postface
Monsieur Socrate

- Le philosophe
- La maïeutique
- La curiosité

« Connais-toi toi-même »
Socrate

Le philosophe

Socrate avait pour père un sculpteur « Sôphroniskos » et pour mère une sage-femme du nom de « Phainaretê ».

Maître de Platon, c'est surtout au travers des livres de ce dernier que nous connaissons Socrate. En effet, il ne laissa aucun écrit pour traduire sa pensée.

Sous le coup de l'indignation, après la condamnation à mort de Socrate, Platon écrivit *Les Dialogues apologétiques* puis quelques portraits idéalisés.

Aristote laissa également quelques données sur le maître.

Il devint le modèle constant d'une sagesse toute personnelle qui ne doit rien aux circonstances. Sa maîtrise de soi était une victoire continuelle sur lui-même.

C'est comme une mission divine qui porte Socrate à interroger les hommes pour voir s'ils sont ou non plus savants que lui.

En effet, la pythie de Delphes aurait révélé à son ami Chéréphon, que personne n'était plus sage que Socrate.

Or, Socrate prétendait partout qu'il ne savait rien, interrogeant sans cesse ses concitoyens athéniens et en particulier les jeunes, pour stimuler la réflexion.

L'ironie socratique, qui consistait à détruire le savoir apparent fait de préjugés, de sophismes et de démagogie devait le faire condamner à mort sous le motif d'avoir ébranlé les traditions, honoré d'autres dieux et tenté de corrompre la jeunesse par son enseignement.

Il est considéré par Kant et Hegel comme « un idéal de la raison », « un vrai philosophe », qui vécut sa philosophie au lieu de l'écrire.

Il but la ciguë en conversant et mourut avec sérénité, ce qui fit écrire à Nietzsche « qu'il était un monstre pour être mort comme une raison pure et non comme un être vivant ».

La maïeutique

D'après *Le Larousse*, la maïeutique c'est l'art des accouchements, dont Platon a fait « maïeutikê technê » pour désigner la méthode d'enseignement de Socrate.

Peut-être est-ce la profession de sa mère qui inspira Socrate, car il prétendait posséder l'art de faire accoucher les esprits des pensées qu'ils détiennent sans le savoir.

La philosophie socratique, c'est donc l'art de faire accoucher les esprits, c'est-à-dire de faire découvrir à l'interlocuteur les vérités qu'il porte en lui, après que par une série de questions (ironie socratique), il ait été délivré de l'erreur.

La découverte d'un savoir par la réflexion personnelle est donc comme une obstétrique morale qui permet la réminiscence d'un certain savoir inné que l'homme possède en lui.

La méthode de Socrate consistait à confronter les opinions, puis à dégager par induction une idée générale pouvant constituer la définition de l'objet cherché. Cette définition n'étant qu'une hypothèse destinée à être vérifiée, non une certitude absolue.

Aussi pourrions-nous dire que la force de la méthode socratique et sa sagesse, résident dans une grande humilité, une grande modestie et une grande tolérance, posant ainsi les bases de ce que nous appelons aujourd'hui « la communication humaine ».

Cependant, d'après Michel Serres, Socrate aurait eu un précurseur en la personne de Zénon d'Élée « inventeur de la dichotomie et de la dialectique, art procédurier de gagner dans le dialogue ou d'interroger l'adversaire jusqu'à le confondre »[1].

© Éditions d'Organisation

---

1. Michel Serres, *Le contrat naturel*, p. 104, Éditions François Bourin.

La curiosité

La méthode socratique ou technique des questions s'illustre par une grande qualité : la curiosité.

D'après Catherine Cudicio[1], « la curiosité apparaît lorsque l'on veut connaître quelque chose qui dans l'instant présent demeure caché ; l'intérêt s'apparente à la curiosité mais concerne davantage la personne. On peut être curieux pour soi ou pour quelqu'un d'autre ou simplement par désir de connaître quelque chose, mais quand on est intéressé, ce que l'on désire découvrir est vraiment personnel. On est plus impliqué sur un plan personnel par l'intérêt que par la curiosité, cependant, on peut affirmer que la curiosité précède l'intérêt… »

Elle poursuit : « … nous remarquons que la curiosité et l'intérêt sont des états intérieurs orientés vers le futur. En effet, nous ne sommes curieux ou intéressés que par quelque chose que nous ignorons dans le présent, c'est la recherche de la découverte à venir qui nourrit la curiosité... Quand on éprouve de la curiosité on a souvent hâte d'être satisfait… »

Il est connu que les petits enfants doivent satisfaire un appétit insatiable de connaissances.

Je me rappelle avoir entendu un jour une jeune fille qui promenait son petit frère dire en s'arrêtant et, regardant l'enfant : « Tu me fatigues avec toutes tes questions… »

En effet, on dit qu'un enfant de 4 ans pose environ… 400 questions par jour – incroyable mais vrai !

Par plaisanterie, on dit également qu'un homme de 60 ans… ne s'en pose plus… il sait ! En réalité, comme le chantait Jean Gabin, « Je sais que je ne sais pas ».

Récemment interviewé par l'hebdomadaire *Gala* (n° 11), Charlelie Couture disait : « Ma grande fille, Shaan, a quatre ans. Elle est à

---

1. Catherine Cudicio, *Mieux vendre avec la PNL*, Éditions d'Organisation.

l'âge des « pourquoi ? », elle veut une explication à tout : pourquoi les champs de blé ? Pourquoi le ciel est bleu ? Et pourquoi le soleil se lève à l'est ? Et moi, j'essaie toujours de trouver la bonne réponse à la bonne question ».

Cette courbe illustre très bien ces réflexions :

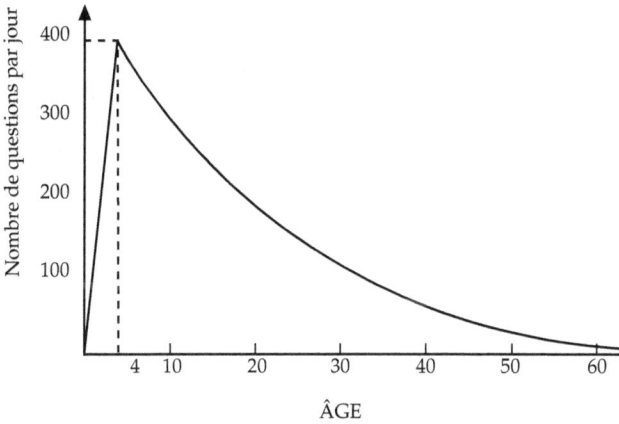

Alors y a-t-il vraiment un âge pour être curieux ?

Je ne le pense pas, car on rencontre couramment de « jeunes blasés » de 20 ans et de « vieux curieux » de 70 ans.

Témoin cette anecdote : je rencontrai un soir l'un de mes voisins, Monsieur Gilard, un vieux Monsieur de 80 ans, à la descente du train de banlieue, venant de Paris. À ma question sur le but de sa sortie, il me répondit : « Je viens d'écouter une conférence à la Sorbonne »...

C'est aussi sans doute la raison pour laquelle, un jour, le Pape Jean-Paul II a dit : « On a l'âge de sa curiosité ».

Ce qui est réel, c'est que les petits enfants posent leurs questions tout naturellement, tandis que les adultes dans leur instinct de domination sans doute, voire de leur suffisance, ont tendance à affirmer leurs idées, opinions ou préjugés (fruits de l'expérience...). Ils perdent l'habitude de poser des questions.

Une autre raison majeure est vraisemblablement l'égocentrisme, l'individu s'intéressant beaucoup plus à lui-même qu'à son prochain.

« L'extrême plaisir que nous prenons à parler de nous-mêmes doit nous faire craindre de n'en donner guère à ceux qui nous écoutent ».

La Rochefoucauld

Bibliographie

Agard et Vaz, *Le recrutement de A à Z*, InterÉditions,

Bellenger Lionel, *Les techniques d'argumentation et de négociation*, E.M.E., 1980.

Qu'est-ce qui fait vendre ?, P.U.F., 1984.

Berry D.R., *Guide pratique de l'animateur*, E.M.E., 1977.

Bettger F., *Comment réussissent dans la vente un bon représentant, un bon vendeur*, Hachette,

Bize, Goguelin, Carpentier, *La problémation – Le penser efficace*, Sedes,

Carnegie Dale, *L'art de se faire des amis ou comment réussir dans la vie*, Livre de Poche,

Conquet André, *Savoir écouter, secret d'efficacité*, Le Centurion, 1984.

Cudicio Catherine, *Mieux vendre avec la P.N.L.*, Éditions d'Organisation, 1989.

Gordon Thomas, *Cadres et dirigeants efficaces*, Belfond, 1980.

Hauser Régis, *Concevoir et rédiger des mailings efficaces*, Éditions d'Organisation, 1998.

Hobbs Charles, *Organisez votre temps, maîtrisez votre vie*, Businessman/First, 1989.

Hugonnier, *Former des chefs*, Dunod,

Le Bail Claude, *La négociation d'achat*, Chotard Associés, 1988.

Lebrun Gérard, *Réussir la vente*, CEGOS.

Mathieu J. – Rosay, *Dictionnaire étymologique*, N.E. Marabout, 1985.

Moulinier René, *Les techniques de la vente*, Éditions d'Organisation, 1980.

Mohler Alfred, *Parler en public et négocier avec succès*, Éditions d'Organisation, 1979.

Négro Yves, *Vente*, Vuibert, 1990.

Rataud Pierre, *L'alchimie de la vente*, (Prix DCF) Éditions d'Organisation, 1984 – quatrième édition 2003.

Vade mecum de la vente, Éditions d'Organisation, épuisé.

Du temps pour vivre mieux, Éditions d'Organisation, 2002.

Rogers Carl, *Développement de la personne*, Dunod, 1973.

Serres Michel, *Le contrat naturel*, Ed. François Bourin, 1991.

Wage Jan L., *Convaincre pour vendre*, Hommes & Techniques, 1971.

AMI LECTEUR

Vous avez terminé la lecture de ce livre et je vous en félicite, car lire un livre « jusqu'au bout » demande toujours un effort.

Vous avez le sentiment d'avoir appris « quelque chose », alors je m'en félicite, car mon but est atteint.

Cependant le plus dur vous reste à accomplir :

« Mettre en pratique les idées retenues et les intégrer à votre charisme ».

Chacun sait que le temps estompe rapidement les connaissances et émousse les meilleures décisions.

Que restera-t-il de vos louables intentions dans un mois ?

Et dans trois mois ?

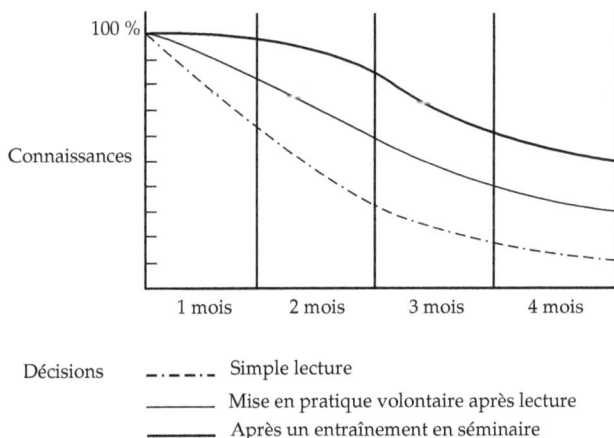

Si vous avez la juste ambition de poursuivre votre perfectionnement, sachez que l'auteur organise et anime des conférences qui sont le prolongement de ce livre, à Paris, en province et D.O.M.

Informez-vous auprès de l'éditeur.

www.ingramcontent.com/pod-product-compliance
Lightning Source LLC
Chambersburg PA
CBHW061311220326
41599CB00026B/4834